W0105215

FRANZ KAMPHAUS

Die Sternstunde der Menschwerdung

FRANZ KAMPHAUS

Die Sternstunde der Menschwerdung

Weihnachtliche Anstöße

Mit einem Vorwort
von Ulrich Schütz

HERDER

FREIBURG · BASEL · WIEN

Für Paul Deselaers,
den treuen Gefährten

INHALT

III. Das Neue Jahr

VORWORT

Ein Weihnachtsbuch voller Überraschungen! Das gilt schon für den unverwechselbaren Tonfall, in dem hier gesprochen wird, ein Markenzeichen des langjährigen, jetzt emeritierten Limburger Bischofs Franz Kamphaus: markant und zupackend, der Sprache des Alltags nahe und ihrer oftmals verblüffenden Hintergründigkeit. Überraschend ist auch das breite Spektrum der aufgegriffenen Themen und Motive, immer neue Annäherungen an die «Sternstunde der Menschwerdung», ausgehend von biblischen Texten, auch solchen, die anscheinend mit wenig weihnachtlichen Anmutungen verbunden sind.

Bei all dem wird die Jetztsituation nicht ausgeblendet, werden die Wüstenerfahrungen unseres Lebens, die trostlosen Verhältnisse der gegenwärtigen Welt nicht überspielt, im Gegenteil. In diese unsere Welt kommt Gott, nicht als strahlender Held, sondern als wehrloses Kind. In Jesus hat er sich einen neuen Zugang zu den Menschen gebahnt – nicht hoch hinaus, sondern tief herunter. Er hat Gott vereinbar gemacht mit dem ganz gewöhnlichen Menschsein. Weihnachten sagt uns: Gott steckt in unserer Haut. Im Gewöhnlichen ist er zu finden, der ganz und gar Ungewöhnliche. Und er ist «bis zum Äußersten gegangen, bis in den letzten Stall, um auch die letzten zu erreichen, die hergelaufenen Hirten – und schließlich auch uns».

So ist dieses Buch voll von weihnachtlichen Anstößen. Es lebt aus einer unheimlichen Spannung, zum Zerbersten. Jesus Christus steht für den unsichtbaren, unfassbaren Gott – und für den wahren Menschen. Ganz Gott und ganz Mensch. «In ihm dürfen wir anschaulich sehen, wer der unsichtbare Gott ist; und wir dürfen gleichermaßen erkennen, wie Menschwerden geht, wie man Mensch wird – das eine nicht ohne das andere.» Sternstunde der Menschwerdung: Licht leuchtet in der Finsternis. Werden wir es erfassen, werden wir den Menschgewordenen aufnehmen, wird er auch heute als Morgenstern, als Stern der Erlösung aufgehen in der Welt und in unseren Herzen?

Ulrich Schütz

I.
ADVENT

Die Sehnsucht nach dem ganz Anderen

Das Wort, das Jesaja, der Sohn des Amoz, in einer Vision über Juda und Jerusalem gehört hat. Am Ende der Tage wird es geschehen: Der Berg mit dem Haus des Herrn steht fest gegründet als höchster der Berge; er überragt alle Hügel. Zu ihm strömen alle Völker. Viele Nationen machen sich auf den Weg; sie sagen: Kommt, wir ziehen hinauf zum Berg des Herrn und zum Haus des Gottes Jakobs. Er zeige uns seine Wege, auf seinen Pfaden wollen wir gehen. Denn von Zion kommt die Weisung des Herrn, aus Jerusalem sein Wort. Er spricht Recht im Streit der Nationen, er weist viele Nationen zurecht. Dann schmieden sie Pflugscharen aus ihren Schwertern und Winzermesser aus ihren Lanzen. Man zieht nicht mehr das Schwert, Volk gegen Volk, und übt nicht mehr für den Krieg. Ihr vom Haus Jakob, kommt, wir wollen unsere Wege gehen im Licht des Herrn. (JES 2,1-5)

ADVENT –
NICHT NUR PRIVAT

Eins wird durch die gegenwärtige Krise unserer Finanz- und Wirtschaftssysteme auch dem letzten einleuchten: Wir sind Eine Welt. Was in den USA geschieht, wirkt sich bis nach Deutschland aus, bis nach Rüsselsheim. Die Globalisierung ist nicht eine Sache der anderen, sie betrifft jeden von uns.

Während die Weltgesellschaft allmählich Gestalt annimmt, scheint sich die Religion nach innen zurückzuziehen. Sie gehört – denken viele – ganz ins Private; jeder muss für sich sehen, wie er es damit hält. Die Art, wie wir den Advent feiern, gibt dieser Meinung recht: Tannenzweige, Kerzen, Adventskranz, Adventslieder, Nikolaus ... Religion zu Hause, ganz intim, ganz privat. Kann sie nur so der schrecklichen Vermarktung der Advents- und Weihnachtszeit entgehen? Religion zu Hause – das ist *eine* Seite des Advent. Er rührt an das Innerste in uns, geht ans Gemüt, ans Herz. Das ist nicht zu verachten.

Aber die Adventsbotschaft weitet zugleich unseren Horizont bis an die Grenzen der Erde. Sie stellt uns vor die Frage nach Anfang und Ende, Ursprung und Ziel der Welt und ihrer Geschichte. Am Ende der Tage – so der Prophet Jesaja in der Lesung – strömen die Völker zusammen. Man zieht nicht mehr das Schwert gegeneinander und rüstet nicht mehr für den Krieg. Man schmiedet die Schwerter zu Pflugscharen und die Lanzen zu Winzermessern für den Weinbau. Gott spricht Recht. Er sorgt dafür, dass alle zu ihrem Recht kommen. Keiner hungert mehr und keiner lebt auf Kosten des anderen. Der Schmach ist ein Ende gesetzt. Die Decke der Trauer und der Blindheit wird weggenommen. Die Völker werden durchblicken. Das Geschäft des Todes ist bankrott. Gott selbst wischt uns die Tränen aus dem Gesicht. – Ist das zu schön um wahr zu sein?

AUF EIGENE FAUST

Die Botschaft von der Vollendung der Welt ist in der Neuzeit aus dem Zusammenhang des christlichen Glaubens heraus gerissen worden, sie wurde säkularisiert. Die neue Welt kommt nicht von Gott, sie wird machbar. Erlösung auf eigene Faust. So dachten die Nazis und gingen ans Werk, das Tausendjährige Reich zu schaffen. Ähnlich dachten die Marxisten/Kommunisten, als sie die klassenlose Gesellschaft herbeiführen wollten. Man versprach paradiesische Verhältnisse und landete in der Hölle des Totalitarismus. Wer aufhört, Gott zu dienen, fängt nur allzu leicht damit an, Gott zu spielen. Das hat fatale Folgen, Millionen und Abermillionen Menschen kostete es das Leben.

In den neunziger Jahren des vorigen Jahrhunderts, kurz vor der Jahrtausendwende, gewann in Amerika eine bestimmte Philosophie auch großen politischen Einfluss. Sie ging davon aus, dass das Ende der Geschichte gekommen sei. Alles sei erreicht, was man erreichen kann, besser geht's nicht. «Nach einigen Jahrtausenden des Ausprobierens der verschiedenen Systeme beenden wir nun dieses Jahrtausend in der Gewissheit, dass wir mit der pluralistisch-kapitalistischen Demokratie das gefunden haben, was wir suchten. Es kann noch Verbesserungen im System und Annäherungen an die Vollkommenheit geben, aber es gibt keine Alternativen mehr in der Grundlage des Systems» (Francis Fokoyama). Dieser politische Messianismus kannte nur noch das Ziel, die ganze Welt mit seinen vermeintlichen Segnungen zu beglücken. Was daraus geworden ist, erleben wir in seinen Auswirkungen vor allem in den islamischen Ländern (Afghanistan, Irak). Dazu steht die Welt finanziell und wirtschaftlich vor einem riesigen Scherbenhaufen. Was ist uns an Hoffnung und Zuversicht geblieben?

UNSER HERR KOMMT!

Manchmal, in einer ruhigen Stunde, frage ich mich: «Was erwartest du noch?» Ich merke, wie meine kleine Welt an den eigenen vier Wänden endet und ich damit zufrieden bin, wenn es dort so läuft, wie es halt eben läuft. Ist das alles? Das kann doch nicht alles sein! Ich sehe die Bibel vor mir liegen, ein Buch voller Hoffnungen, voller Erwartungen, meinen eigenen Erwartungen unendlich weit voraus. Jesus hat diese Hoffnung in der Verkündigung des Reiches Gottes zusammengefasst.

Christen binden ihre Hoffnung nicht an den (öko-nomischen) Fortschritt. Es sind auch nicht die eigenen Wünsche der Vater unserer Hoffnung – Gott ist es! Die Welt und in ihr der Mensch treiben nicht auf einem un-endlichen Zeitstrahl vom Urknall ins Nichts. Sie haben einen gemeinsamen Ursprung und ein gemeinsames Ziel. Sie sind Gottes Schöpfung und werden in Gott voll-endet.

Die Verheißung des Reiches Gottes findet sich nicht ab mit dem Grauen und Terror gewalttätiger Ungerechtig-keit und Unfreiheit, die das Antlitz des Menschen und der Erde zerstören. Sie besagt gerade nicht, dass es end-los so weitergeht wie bisher. So stellen es sich diejenigen vor, die schon in diesem Leben alles haben und trotzdem nie genug bekommen, die das, was sie haben, für immer haben wollen. Anderes fällt ihnen nicht ein als ihre pri-vate Seligkeit. Wer an das Kommen des Reiches Gottes glaubt, kann sich damit nicht zufrieden geben. Er hofft auf ein Glück, das nicht mit dem Unglück anderer bezahlt wird, auf eine Freude, die nicht Privatvergnügen weniger oder Gruppenprivileg bleibt, sondern alle erfasst. Christen erwarten «einen neuen Himmel und eine neue Erde, in denen die Gerechtigkeit wohnt» (2 Petr 3,13). Sie ver-achten nicht das, was ist: Aber sie lassen sich damit al-lein nicht abspeisen. Ihre Sehnsucht greift über das Vor-handene hinaus, sie wittern mit allen Sinnen die Signale des Kommenden.

Es muss nicht endlos so weitergehen wie bisher. Es muss nicht so weitergehen, dass immer größere Sum-men in Waffen investiert werden. Man kann, wie die

Lesung sagt, Schwerter in Pflugscharen umschmieden, das Geld für Waffen in friedliche Mittel zur Entwicklung der Völker investieren. Es müssen nicht täglich dreißigtausend Kinder unter fünf Jahren an Hunger und Mangelkrankheiten sterben. Die Schere zwischen Arm und Reich muss nicht immer weiter auseinandergehen.

Die Bibel mündet in den Ruf: «Komm, Herr Jesus!» – Die Herren der Welt gehen, unser Herr kommt!

2

Tröstet, tröstet mein Volk

Tröstet, tröstet mein Volk, spricht euer Gott. Redet Jerusalem zu Herzen und verkündet der Stadt, dass ihr Frondienst zu Ende geht, dass ihre Schuld beglichen ist; denn sie hat die volle Strafe erlitten von der Hand des Herrn für alle ihre Sünden. Eine Stimme ruft: Bahnt für den Herrn einen Weg durch die Wüste! Baut in der Steppe eine ebene Straße für unseren Gott! Jedes Tal soll sich heben, jeder Berg und Hügel sich senken. Was krumm ist, soll gerade werden, und was hügelig ist, werde eben. Dann offenbart sich die Herrlichkeit des Herrn, alle Sterblichen werden sie sehen. Ja der Mund des Herrn hat gesprochen.

Steig auf einen hohen Berg, Zion, du Botin der Freude! Erheb deine Stimme mit Macht, Jerusalem, du Botin der Freude! Erheb deine Stimme, fürchte dich nicht! Sag den Städten in Juda: Seht, da ist euer Gott. Seht, Gott der Herr, kommt mit Macht, er herrscht mit starkem Arm. Seht, er bringt seinen Siegespreis mit: Alle, die er gewonnen hat, gehen vor ihm her. Wie ein Hirt führt er seine Herde zur Weide, er sammelt sie mit starker Hand. Die Lämmer trägt er auf dem Arm, die Mutterschafe führt er behutsam.

(JES 40,1-5.9-11)

WO HEUTE
VERTRÖSTET WIRD

Sind wir eigentlich noch bei Trost? Nicht wenige denken, die Verhältnisse sind trostlos – nicht nur in unserer Gesellschaft, sondern auch im Volk Gottes. Dabei laufen die Trostfabriken geraden in diesen Wochen vor Weihnachten auf Hochtouren. So stark sich der produzierte Trost auf dem Markt und in den Medien aufdrängt, in Wirklichkeit ist er ein schwacher Trost, in hohem Maße konjunkturanfällig. Ausgeliefert wird er in den Warenhäusern unter höllischem Lärm, ohrenbetäubend «wie dröhnendes Erz oder eine überlaute Pauke» (1 Kor 13,1). Was kann da überhaupt noch wirklich trösten? Durch die florierende Trostindustrie werden die vorletzten und letzten Fragen immer schon lautstark übertönt oder auch sanft eingeschläfert, ehe sie den Menschen aufgehen.

Die Religionskritik der letzten Jahrhunderte hat dem Christentum vorgeworfen, es vertröste über die Abgründe des Lebens auf ein himmlisches Leben. Wo das «Jenseits des Todes» schlechterdings als Vertröstung gilt, da wird das Diesseits trostlos. Wer tröstet diejenigen, die wir mit bestem Willen nicht trösten können? Wer tröstet die Opfer, wer tröstet die, die leer ausgehen? Keine Frage, es gibt eine allzu eilfertige, fragwürdige Vertröstung auf das Jenseits. Aber die Vertröstung mit dem Diesseits ist viel fataler. Der industriell gefertigte trostlose Trost vom laufenden Band lässt den Sinn für Krankheit und Tod schwinden, für das schlechthin Entsetzliche – eben für all das Unsagbare und Unwiederbringliche, für das es in diesem Leben keinen Trost gibt. Viele decken sich dann schließlich mit ihren selbst gemachten Tröstern ein. Wir brauchen Trost, der nicht trügt, sondern trägt.

WAHRER TROST

Das ist ein wahrer Trost», sagen wir. Wann ist der Trost wahr? Welche Voraussetzungen müssen gegeben sein?

Der Trost lässt sich nicht herstellen, er stellt sich ein. Er spricht für sich, er macht sich von selbst bemerkbar. Das Beste im Leben ist nicht zu machen, es ist «nur» zu empfangen, da ist man nicht sein eigener Meister. Die entscheidenden Worte kann ich mir nicht selber sagen. Ich muss sie mir gesagt sein lassen. Sie sind wie ein Geschenk und können das Leben verändern: «Das verspreche ich dir», «ich verzeihe dir», «ich liebe dich». Solche lebenswichtigen Worte kann ich mir nicht selbst einreden. Trost kann ich mir nicht selber spenden. Er wird mir zugesprochen.

Es ist ein wahrer Trost, wenn ich mich durch den Schmerz eines Trostlosen nicht hindern lasse, ihn aufzusuchen. Menschen, die nicht vertrösten, sondern den Weg des anderen teilen, die seinen Schmerz ernst nehmen, ihn aushalten und sich nicht davon vertreiben lassen, sind ein Segen. Das Wort Trost ist dem englischsprachigen «trust» verwandt. Ohne Vertrauen kein Trost! Der Glaube nennt den Heiligen Geist den Beistand, den, der vertrauensvoll hinter mir und zu mir steht. Gerade darum ist er auch der Tröster.

Trost ist nicht auf bestimmte Wörter angewiesen, schon gar nicht auf vorgedruckte Kondolenzkarten oder ausgeleierte Floskeln wie «Kopf hoch, es wird schon wieder, das Leben geht weiter ...» Trösten heißt nicht verharmlosen, sondern unaufdringlich nahe sein, mitfühlen, mitleiden. Wer tröstet, gibt wortlos zu verstehen: Ich bin bei dir, ich lasse dich nicht allein, du kannst mit mir rechnen. Was Trost heißt, haben wir erfahren, bevor wir das Wort kannten und aussprechen konnten, von der Mutter oder vom Vater oder von einem anderen guten Menschen.

Trost ist gerade dann gefragt, wenn nichts mehr zu machen ist und getan werden kann. In solchen Situationen gebe ich zu erkennen: ‹Ich kann nicht wegwischen, was dich weinen lässt; ich kann nicht zurückbringen, was verloren gegangen ist. Aber ich bin da.› Wichtiger als viele Worte ist es, Augen und Ohren für die Situation des anderen offen zu halten, vor allem zuzuhören. Dann kann man nicht selten hören: «Ich danke Ihnen, dass Sie mich angehört haben. Das hat mich sehr getröstet.» So mag sich auch ein Wort aus dem eigenen Glauben und Hoffen einstellen, ein Wort, das mitten in Unsicherheit und Angst Zuversicht schenkt.

Die Trostlosigkeit ist dadurch gekennzeichnet, dass man nur noch die Probleme, nur noch schwarz sieht. Sie braucht einen Raum in dem sie sich äußern kann: weinen, schreien, klagen; es ist zum Verzweifeln ... Man blickt nicht mehr durch, hat keine Perspektive.

Wir können den Trost nicht machen, aber wir können einen Raum eröffnen, in dem er möglich wird. Das hebräische Wort für Trost übersetzt Martin Luther mit «Raum gewinnen». Der wahre Trost öffnet die Gegenwart, weitet den Horizont, macht uns aufmerksam auf neue Möglichkeiten, die wir sonst übersehen oder vergessen hätten, nicht zuletzt auf die ungeahnten Möglichkeiten Gottes mit uns!

DER TRÖSTER

Tröstet, tröstet mein Volk, spricht euer Gott» (Vers 1). Das Wort des Trostes kommt von Gott. Es greift in die verpfuschte Geschichte Israels ein, die zum Exil geführt hat. Es trifft in eine schlimme Zeit. Die äußeren und mehr noch die inneren Verhältnisse des Volkes sind trostlos: Fron und Elend, Entwurzelung und Resignation. Wer sich ein Bild davon machen will, lese den Psalm 137: «An den Strömen von Babylon, das saßen wir und weinten ...» Es ist zum Heulen. Die Seelen der Menschen sind gebrochen: keine prophetische Rede, keine Vision, keine Perspektive! Wie soll man da leben, wie überleben?

In dieser Situation kündet Gott eine neue Ära an. Er hat sein Volk nicht aufgegeben. Er steht zu ihm, ist bei ihm in Babylon. Er durchbricht den Fluch der bösen Tat, den Bann der Verbannung. Die Zwangsherrschaft hat ein Ende. Ein Weg tut sich auf (wie damals aus Ägypten), durch die Wüste in die Heimat. Jerusalem ist in Sicht,

Freiheit für Israel. Das geht ans Herz: «Rede Jerusalem zu Herzen ...» (2).

Ist damit für uns heute schon alles gesagt? Was ist mit den Trostlosigkeiten, in denen wir stecken? Ist Gott ein Trost, wenn Beziehungen in die Brüche gehen, wenn Menschen aus ihren verfehlten Lebensentscheidungen nicht herauskommen, wenn die nicht zu leugnende Schuld bei aller Vergebung weiterhin belastet, wenn die Zusage der Nähe Gottes in Depression und Trauer nicht weiterbringt? Ist Gott ein Trost, wenn Freunde und Angehörige sich in schweren Tagen immer mehr zurückziehen, als wäre der Krebs ansteckend, wenn alte Menschen immer einsamer werden? – Ist Gott ein Trost in der trostlosen Situation des heutigen Jerusalem, in den Todesnächten der Welt?

Der Weg Gottes geht durch die Wüste, durch unsere Lebenssituation, wo Hoffnungen welken, wo Berge den Weg versperren und Todestäler die Abgründe des Lebens ahnen lassen. Wir brauchen und dürfen den Weg nicht allein gehen. Wir werden unterwegs schreien, hadern, zweifeln. Wir sollten allemal miteinander schweigen und reden. Wie gut tun Glaubensworte, die aus dem Schweigen kommen, Worte, in denen der Morgen dämmert, die Türen öffnen, aufatmen lassen und Raum schenken zum Leben.

Es ist Advent. Wir sind mit Gott noch lange nicht am Ziel. Aber wir dürfen unseren Weg in der Gewissheit gehen, dass der Messias, der Advent Gottes in Person, selbst die Gottesferne durchlitten hat. An seiner Solidarität mit den Strauchelnden braucht niemand zu zweifeln.

25

«TRÖSTET MEIN VOLK»

So sehr das Trostwort nicht nur Israel betrifft, sondern «alle Sterblichen» (5) im Blick hat, richtet es sich doch ausdrücklich an «mein Volk». Das Gottesvolk in seinen Trostlosigkeiten ist des Trostes bedürftig – wahrhaftig nicht nur damals. Die Exilserfahrung Israels findet in unserer gegenwärtigen kirchlichen Situation ein Echo. Offensichtlich kann sie etwas von unserer Bestimmung verdeutlichen angesichts der Mut- und Ratlosigkeiten, die die Kirche lähmen. Die Zumutung der Diaspora, in der wir uns als Glaubende vorfinden und gegen die wir uns immer noch wehren, könnte die Chance enthalten, zu unserem Eigenen zurückzufinden. Dann aber kann die gegenwärtige Krise nicht einfach gemanagt werden. Sie ist zunächst und vor allem eine Herausforderung des Glaubens.

Wir können die Chancen eines neuen Aufbruchs nur spüren, wenn wir auch den Schmerz des Abschieds von einer vertrauten Kirchengestalt zulassen. Trauerarbeit tut Not: die zahlenmäßig schrumpfenden Gemeinden und Ordensgemeinschaften, der Priestermangel, die abnehmende gesellschaftliche Akzeptanz – das alles will durchschmerzt werden. Wir können vergangene Zeiten weder verklären noch neu heraufbeschwören, und wir dürfen die Jetztsituation nicht beschönigen. Der Schmerz sitzt tief im Leib unserer Kirche. Ihn nicht durch immer neue Erklärungen, Programme und Aktionen zu verdrängen oder wortreich zu betäuben, sondern den entsagungsvollen Weg durch die Wüste ohne viel Gepäck zu wagen, verheißt Zukunft.

Die gegenwärtige Übergangssituation bietet eine Chance: Es stirbt vieles Volkskirchliche und Milieuchristliche. Diese Passion könnte als Geburtsschmerz erfahren werden, als Durchbruch zu neuem Leben. Im Augenblick der gigantischsten Entwicklung menschlicher Möglichkeiten, der weiterhin unersättlichen Wachstumsbesessenheit können wir nicht mehr mitziehen. Unsere Kraft muss sich viel mehr im Kontrast erweisen: «Wenn ich schwach bin, dann bin ich stark» (2 Kor 12,10). So könnten wir uns endlich von der fixen Idee verabschieden, es müsse sich Gottes Macht in unserer Macht manifestieren. Dann erst wird der Blick frei zu sehen, was ist, und nicht nur, was nicht mehr ist.

Es ist Advent. Gott ist mit uns, und wir sind mit ihm noch lange nicht am Ziel. «Bahnt für den Herrn einen Weg durch die Wüste!» (3). Diesen Königsweg können wir getrost gehen. Die Wüste lebt.

27

ILLVM OPORTET
CRESCERE ·
ME ·TEM
MINVI :

3

Zeugen gefragt

Dies ist das Zeugnis des Johannes: Als die Juden von Jerusalem aus Priester und Leviten zu ihm sandten mit der Frage: Wer bist du?, bekannte er und leugnete nicht; er bekannte: Ich bin nicht der Messias. Sie fragten ihn: Was bist du dann? Bist du Elija? Und er sagte: Ich bin es nicht. Bist du der Prophet? Er antwortete: Nein. Da fragten sie ihn: Wer bist du? Wir müssen denen, die uns gesandt haben, Auskunft geben. Was sagst du über dich selbst? Er sagte: Ich bin die Stimme, die in der Wüste ruft: Ebnet den Weg für den Herrn!, wie der Prophet Jesaja gesagt hat. Unter den Abgesandten waren auch Pharisäer. Sie fragten Johannes: Warum taufst du dann, wenn du nicht der Messias bist, nicht Elija und nicht der Prophet? Er antwortete ihnen: Ich taufe mit Wasser. Mitten unter euch steht der, den ihr nicht kennt und der nach mir kommt; ich bin es nicht wert, ihm die Schuhe aufzuschnüren. Dies geschah in Betanien, auf der anderen Seite des Jordan, wo Johannes taufte. (JOH 1,19-28)

WER BIST DU?

WILT DU NIT WISEN WER DU BIST SO SAG AUCH EIM ANDERN NIT WER ER IST 1548» Dieses Wort steht eingemeißelt in einem fränkischen Rathaus. Nur der kann mitreden im Zeitgespräch, der weiß und wissen will, wer er selber ist. Er muss sich fragen, wovon und wofür er lebt. Wer sind wir als Christinnen, als Christen? Was ist uns wichtig? Wofür stehen wir ein? Es ist heute nicht selbstverständlich, Christ zu sein. Viele in unserer Umgebung denken und leben ganz anders. Der Weg in die Minderheit spricht nicht gegen uns. Er erinnert uns an die Christen der ersten Generation. Wir sind entschieden nach unserer Identität gefragt: Wer seid ihr?

Die Täufer-Szene des Evangeliums ist ebenfalls wie gemeißelt – nicht in Stein, sondern in Worten. Abgesandte der Religionsbehörde in Jerusalem kommen zu Johannes in die Wüste und stellen bohrende Fragen. Sechs Mal setzen sie an (in vier kurzen Versen) – wie Inquisitionsbeamte: «Wer bist du? ... Was sagst du von dir selbst?» (19-22).

Vielleicht denken Sie: Das ist eine Zumutung. So frontal lasse ich mich nicht angehen. Wer ich bin und was ich denke und treibe, das geht niemanden etwas an. Johannes reagiert ganz anders: «Er bekannte und leugnete nicht ...» (20). Er hält sich nicht heraus. Er sagt nicht: Hier ist mein Job, und da ist meine Privatsphäre. Die steht auf einem ganz anderen Blatt, die geht niemanden etwas an.

– So ist das in unserer Gesellschaft. Da übt man Funktionen aus und hält sich selbst möglichst weit zurück. Aber als Zeuge kann man sich nicht heraushalten und Rollen spielen. Es gibt Fragen, für die ich mit meinem Leben bürge, nicht nur auf Probe! Da geht es nicht um etwas, sondern um mich. Da muss ich Farbe bekennen: «Hier stehe ich und kann nicht anders.» Heute heißt das oft, gerade in der Politik: Hier stehe ich, und kann auch ganz anders ... So wurstelt man sich weiter, aber eröffnet keine Perspektiven, schon gar keine Visionen.

NEIN SAGEN

Sie kennen die Darstellung des Täufers auf dem Isenheimer Altar. Die ganze Kraft dieser Gestalt sammelt sich in dem übergroßen Zeigefinger. Johannes ist ein einziger Hinweis auf den Messias. Wer zu ihm Ja sagt, der muss auch Nein sagen können. Das tut der Täufer. Er bringt die Sache dadurch auf den Punkt, ohne Wenn und Aber, für viele fremd, wie ein Querdenker, der Widerspruch einlegt und Einspruch erhebt. Niemand hat gern ein Nein als Antwort. Hier steht's gleich drei Mal. Wie beim dreimaligen «Ich widersage» im Taufbekenntnis, so heißt es auch hier klipp und klar: Ich nicht! Man kann nicht zu allem Ja und Amen sagen, als Zeuge des Glaubens partout nicht.

Das Nein zieht Grenzen, so schmerzlich das sein mag. Hier geht's nicht nach der Devise: Ich bin okay, du bist okay; und um in unserer pluralistischen Gesellschaft schiedlich-friedlich auskommen zu können, sollen doch bitte auch die Religionen mitmachen bei dem großen grauen Einerlei: Welcher Prophet, welcher Messias und Heiland auch immer – alle okay. – Nein! Nein! Und noch mal: Nein! Dreimal. Ein scharfer Windstoß fährt in den blauen Dunst, der gerade in diesen Wochen vor Weihnachten medial und kommerziell verbreitet wird.

Worum geht's eigentlich bei diesem dreimaligen Nein auf die Frage: Wer bist du? Die Antwort des Johannes scheint uns zunächst ganz weit weg: Ich bin nicht der Messias, nicht der (wiedererstandene) Elija, nicht der Prophet, also der (wiederkommende) Mose. – Wehe dem, der mehr sein will, als er ist. Das kann gerade in Sachen des Glaubens nur schief gehen. Der Täufer sieht weise genug seine Grenzen: Ich bin's nicht, von dem das Heil zu erwarten ist. Sein dreimaliges Nein ist befreiend. Dem Zeugen wird eine Last abgenommen, die er gar nicht tragen kann. Wie lernen wir, falschen Erwartungen entgegenzutreten? Wer nicht mit dem Täufer Nein sagen kann, kann nicht Zeuge sein.

DIE KIRCHE ALS ZEICHEN

Das alles ist ja nicht zuletzt an die eigene (kirchliche) Adresse gerichtet. ‹Wer bist du – Kirche?› Das ist eine heikle Testfrage. Nicht immer ist die Antwort so eindeutig gewesen wie aus dem Mund des Täufers. Wer sind wir als Kirche mit all unseren Diensten und Ämtern? Jedenfalls nicht der Messias. Also ist nur davor zu warnen, dass wir den Eindruck erwecken, wir seien es. Wir können und dürfen nicht an die Stelle Christi treten oder ihn gar vertreten wollen. Wir haben als Kirche mit Johannes zu bekennen: «Ich bin nicht der Christus» (20). Wir haben von uns weg auf ihn hinzuweisen. Wir sind Zeichen am Weg der Geschichte, nicht Ziel des Weges. Von uns ist das Heil nicht zu erwarten, sondern von ihm. Und wir haben mit aller Entschiedenheit der Versuchung zu widerstehen, dass wir uns wie ein Heiland aufspielen und wie halbe oder ganze Herrgötter gebärden. Wer sind wir denn? Allenfalls ein Möchtegern-Prophet oder ein selbsternannter Messias. Die gibt's zuhauf. Das ist zum Lachen, wenn's nicht zum Weinen wäre. Wir haben nicht Christus zu spielen, sondern ihm zu dienen.

Er ist der Heiland, nicht wir! Wir können immer nur neue Anläufe machen, mit menschlichen Worten und Zeichen und durch unser Leben Gott ahnen lassen. Es kommen als Boten Gottes nur Menschen mit ihren Menschlichkeiten und dem oft allzu Menschlichen. Viele sagen: Schaut euch das an, die sind auch nicht besser ... Da können Menschen die Geduld verlieren: ‹Was wollt ihr denn in der Religion, in der Kirche? Wenn ihr doch nicht mehr bringt, dann packt doch ein. Gott ist in der Natur, im All, in den Unendlichkeiten des eigenen Wesens, in der Politik, die die heile Welt schaffen will ...› Wer den Himmel auf Erden verspricht, verspricht zu viel.

«DIE STIMME,
DIE IN DER WÜSTE RUFT»

Wüsten brauchen wir nicht in Afrika oder Asien zu suchen, sie sind mitten unter uns (Großstadtwüste), mitten in der rasenden Geschäftigkeit und in den gestressten Gesichtern, mitten in uns. Das Allerschwierigste in unserem Leben ist zugleich das Allerwichtigste: nicht vor sich zu fliehen in alle möglichen Dinge und Kontakte, die Stille zu suchen, in der es möglich ist, sich ohne Verstellungen und Ablenkungen von Angesicht zu Angesicht gegenüberzutreten, sich selbst auszuhalten: Wer bin ich?

Um die Wahrheit des eigenen Lebens zu ergründen, müssen die fremden Stimmen schweigen. Nicht das entscheidet, was die anderen meinen und raten, loben und tadeln, sondern was wirklich in mir ist. Sehr zutreffend kann man diesen Raum unverstellten Lebens «Wüste» nennen; denn hier ist nichts mehr als das eigene Leben vor Gott. Die Wüste, heißt es, ist ein Ort der Wahrheit. Mit ihrer trockenen Hitze schält sie den Lebewesen alles Überflüssige vom Leibe, bis nur das zum Leben Unerlässliche bleibt. In der Reduktion liegt die Konzentration auf das, worauf es ankommt. Die Wüste, sagen die Araber, ist der Garten, in dem Gott spazieren geht. Von dort her wurde der Messias erwartet, von dort ist Israel von der Knechtschaft befreit ins Land gekommen, dort hat Jesus gefastet, dort wurde er versucht. Dort ergeht die Stimme des Täufers Johannes.

Augustinus sagt: Johannes ist die Stimme, Christus ist das Wort. Diesem Wort hat Johannes seine Stimme gegeben: «Ebnet den Weg für den Herrn» (23), bereitet ihm den Weg, auf dem man gerecht und gerade gehen kann, ohne Stolpersteine und krumme Touren. Gott hat den mühseligen Weg der Liebe gewählt, statt dreinzuschlagen.

Wir sind gerufen, in den Wüstenerfahrungen unseres Lebens Christus unsere Stimme zu leihen und ihm den Weg zu bereiten. Es ist Advent. Gottes Reich ist im Kommen, aber noch nicht am Ziel. Was in dieser Zeit des Suchens und Wartens gefragt ist, sind Zeugen. Unsere nichtchristlichen Zeitgenossen erwarten keine religiösen Ansprachen. Sie sind der großen Worte und Appelle müde. Gefragt ist ein glaubwürdiges, ganz persönliches Wort, das durch das Leben gedeckt ist: Was lässt mich glauben und hoffen? Warum bin ich Christ? Warum bleibe ich es? Dort, wo ein Christ jemanden in sein Leben, in sein Herz schauen lässt, da geschehen auch heute Wunder. Christen, die mitten im Lebensalltag geistliches Profil zeigen – unaufdringlich, aber erkennbar, selbstbewusst, aber demütig –, lassen auch heute aufhorchen.

Wenn die Kirche den Platz des Johannes einnimmt, sich nicht fälschlich an Christi Stelle setzt, sondern auf ihn hinweist, provoziert sie die richtigen Fragen: ‹Warum taufst du, warum brichst du das Brot?› (Vgl. 25-28). Dann kann sie auch die richtige Antwort geben: «Mitten unter euch steht der, den ihr nicht kennt ...» (26). Er ist im Kommen. Darum können wir nicht schweigen: «Stimme, die in der Wüste ruft» (23). Es ist Advent. Wer Christi Ankunft sucht, wird seine Zukunft finden.

4

Sein Name ist Jesus

Im sechsten Monat wurde der Engel Gabriel von Gott in eine Stadt in Galiläa namens Nazaret zu einer Jungfrau gesandt. Sie war mit einem Mann namens Josef verlobt, der aus dem Haus David stammte. Der Name der Jungfrau war Maria. Der Engel trat bei ihr ein und sagte: Sei gegrüßt, du Begnadete, der Herr ist mit dir. Sie erschrak über die Anrede und überlegte, was dieser Gruß zu bedeuten habe. Da sagte der Engel zu ihr: Fürchte dich nicht, Maria; denn du hast bei Gott Gnade gefunden. Du wirst ein Kind empfangen, einen Sohn wirst du gebären: dem sollst du den Namen Jesus geben. Er wird groß sein und Sohn des Höchsten genannt werden. Gott, der Herr, wird ihm den Thron seines Vaters David geben. Er wird über das Haus Jakob in Ewigkeit herrschen, und seine Herrschaft wird kein Ende haben. Maria sagte zu dem Engel: Wie soll das geschehen, da ich keinen Mann erkenne? Der Engel antwortete ihr: Der Heilige Geist wird über dich kommen, und die Kraft des Höchsten wird dich überschatten. Deshalb wird auch das Kind heilig und Sohn Gottes genannt werden. Auch Elisabet, deine Verwandte, hat noch in ihrem Alter einen Sohn empfangen; obwohl sie als unfruchtbar galt, ist sie jetzt schon im sechsten Monat. Denn für Gott ist nichts unmöglich. Da sagte Maria: Ich bin die Magd des Herr; mir geschehe, wie du es gesagt hast. Danach verließ sie der Engel. (LK 1,26-38)

DER NAME

Wenn Eltern ein Kind erwarten, geben sie ihm einen Namen, oft schon lange, bevor es zur Welt kommt. «Habt ihr schon einen Namen für euer Kind?» fragen die Freunde und Verwandten, «wie soll's denn heißen?» Der Name hat's in sich. Er steht für die Person. Wer ein Dokument namentlich unterschreibt, hat dafür einzustehen. Ob der Name hält, was er verspricht?

Das Schriftwort zum vierten Advent enthält in der Vielzahl von Namen einen, der neu ist: Jesus! In ihm ist der Schritt vollzogen vom verheißenen «Immanuel» (Jes 7,14) zur konkreten Person des Erlösers. Der Name «Jesus» sagt alles: Gott rettet / Gott heilt. Er ist der Heiland. Er will uns nicht in einer frommen Idee begegnen, sondern als leibhaftiger Mensch. Große Titel bringen die Würde und Hochachtung zum Ausdruck vor dem, der zur Welt kommen soll. Darin sammelt sich die ganze Sehnsucht des Alten Bundes nach dem Messias: «Er wird groß sein und Sohn des Höchsten genannt werden. Gott, der Herr, wird ihm den Thron seines Vaters David geben. Er wird über das Haus Jakob in Ewigkeit herrschen, und seine Herrschaft wird kein Ende haben» (1,32f). Das sind große Worte. Zu groß – oder? Halten der Name und die Titel ihr Versprechen?

DIE DISKREPANZ

Der Kontrast zwischen der Realität vor Ort und der Verheißung des Kommenden ist kaum zu überbieten. Der Gottesbote Gabriel betritt die Erde nicht in Jerusalem, nicht an heiliger Stätte, sondern abseits der religiösen und politischen Metropole auf dem Land, im letzten Nest der Provinz. Wer kennt schon Nazaret? Der Ort spielt in den Annalen Israels keine Rolle, geschweige denn in denen der Weltgeschichte. Dort leben die kleinen Leute, die (wie die Hirten) in den Sorgen ums tägliche Auskommen ihren Alltag fristen. Himmel und Erde begegnen sich nicht in den oberen Etagen einer Hierarchie, sondern unter dem Dach einer armen jungen Frau. Warum gerade sie erwählt wird, «Mutter des Herrn» zu sein, bleibt das Geheimnis Gottes. Der Eintritt seines Sohnes in die Welt ist aus keinem menschlichen Handeln abzuleiten und durch keine Formel zu erklären.

Maria ist kein Übermensch, sondern ein einfaches Mädchen. Sie weist, wie es aussieht, keine besondere Nähe zu Gott auf, keine außergewöhnliche Eignung für das, was er mit ihr vor hat. Er beginnt mit dem Heil der Welt nicht auf höchster Ebene, sondern im Leib einer unbedeutenden Frau. Die Schwangerschaft mit dem Messias und Gottes Sohn bringt das Kleinste in der Welt mit dem Größten zusammen. Stärker könnte die Diskrepanz nicht sein, die Gott selbst auf sich nimmt und in die er nun auch die stellt, die er für seinen Weg erwählt hat. Letzte werden Erste.

Der Kontrast ist weder lieb noch rührend. Er ist umwerfend und erschreckend: Maria «erschrak über die Anrede» (29). Welch ein Gruß? «Sei gegrüßt, du Begnadete, der Herr ist mit dir» (28). Umwerfend, nicht zu fassen! Maria geht nicht fraglos darauf ein, ihr Glaube hat Fragen: «Wie soll das geschehen …?» Sie ist keine unbedarfte Ja-Sagerin.

VOM HEILIGEN GEIST
EMPFANGEN

Jesus ist nicht etwa nur vom Geist Gottes erwählt und berufen, sondern aus seiner Kraft geboren. Der Geist ist ihm im Unterschied zu den Führern und Propheten Israels nicht als Geschenk von außen zugetragen. Er ist so sehr Inbegriff seines Lebens, dass er seine Existenz begründet. Er bricht durch ihn in die Welt ein und eröffnet die messianische Heilszeit. Was geschah, als der Geist Gottes am Morgen der Schöpfung Leben entstehen ließ (Gen 1,2), das widerfährt in ähnlicher Weise Maria. Gottes Geist erschafft die neue Schöpfung. Der Messias Jesus hat seinen Ursprung in der Schöpferkraft Gottes. Jesus lebt so bis ins Letzte aus dem Geist Gottes, dass er in ihm seinen Ursprung hat. Menschen, die ihm begegnet sind, haben erfahren, was in seiner Auferstehung und Geistsendung vollends offenbar wurde: Er ist das Gottesgeschenk schlechthin. In seinem Leben, in seinem Sprechen und Tun zeigt sich, wes Geistes Kind er ist. Er ist von Geburt her, im Ganzen seines Daseins durch und durch vom Heiligen Geist.

Jesus ist nicht aus einem Stammbaum abzuleiten. Mit ihm setzt eine neue Geschichte ein, mitten in der alten. Er ist nicht das Produkt seiner Umwelt, ein Glücksfall der Evolution. Er ist mehr, als Menschen aus sich heraus können. Es gibt nichts in der menschlichen Potenz, das ihn hervorbringen könnte. Er ist einmalig, von Gott. Mitten in unserer alten Welt, im Schoß der Jungfrau Maria beginnt eine neue Welt. Jesus ist unvergleichlich, allen unseren Möglichkeiten voraus.

Maria ist dadurch groß, dass sie für Gottes Geist empfänglich war. Sie hat den Mut, ihr Leben an die Verheißung Gottes zu binden. Sie lässt sich mitreißen von einer Bewegung, die weit über die eigenen Grenzen und Horizonte hinausgeht. Sie traut sich, das Alltägliche und Kalkulierbare zu überschreiten. Beides kennzeichnet sie: die Kühnheit, der Verheißung zu trauen, und die Armut, Windeln notfalls auch in einem Stall zu waschen. «Maria war der Tempel Gottes, nicht der Gott des Tempels, und also ist nur jener anzubeten, der im Tempel wirkte» (Ambrosius).

Wer die Botschaft des Engels weitersagen will, der muss «Jesus» sagen. Maria verdankt ihren Sohn weder ihrem Mann noch ihrer Jungfräulichkeit, sondern Gott. Er allein ist der Schöpfer, der das neue Leben ins Dasein ruft. Darin besteht das Wunder, das die jungfräuliche Empfängnis anzeigt. Es ist weder doppelbödig (mit Augenzwinkern), noch enthält es eine doppelte Wahrheit. Man kann sich einfach nur wundern, dass Gott selbst unmittelbar handelt durch seinen Geist. Wie das geschieht, ist unseren neugierigen Fragen und Blicken entzogen. (Hier findet sich nichts von Vorstellungen, wie man sie sich in der Antike erzählte: nichts von einer heiligen Hochzeit, nichts davon, dass ein Gott sich zu einer Menschenfrau geschlichen habe, nichts vom Stil einer Gotteszeugung wie bei Alexander dem Großen).

Die Jungfrauengeburt gibt keine Rätsel auf, sie ist ein Geheimnis. Rätsel kann man lösen, Geheimnisse werden nie gelöst. Sie werden bewohnt, wie Beziehungen, wie die Liebe. «Es gibt die Sprache des Marktes, und es gibt die Sprache des Brautgemachs» (Simone Weil). Den Satz: «Der Heilige Geist wird über dich kommen, und die Kraft des Höchsten wird dich überschatten ...» (35) kann und darf man nicht zu Markte tragen. Er spricht die Sprache des Brautgemachs, er birgt ein Geheimnis.

GOTT
LÄSST AUF SICH WARTEN

Gottes Wort an Maria und seine Verheißung werfen Fragen auf. Hat Jesu Name tatsächlich gehalten, was er verspricht: Gott rettet!? Hat Gott Jesus gerettet vor dem Kreuz – und Maria? «Dir selbst wird ein Schwert durch die Seele dringen» (2,35). Sieht so Rettung aus? Was ist aus den großen Titeln geworden, die verheißen, dass nichts in der Welt so bleibt, wie es ist? Jesus «wird groß sein und Sohn des Höchsten genannt werden ...» (1,32) – aber von den meisten Menschen nicht! «Gott, der Herr, wird ihm den Thron seines Vaters David geben ...» – noch ist davon in der Welt wenig zu spüren, am wenigsten im heutigen Jerusalem. «Er wird über das Haus Jakob in Ewigkeit herrschen, und seine Herrschaft wird kein Ende haben ...» (33) – bis zur Stunde herrschen ganz andere Leute in der großen Politik, auch im alltäglichen Leben. Und in der Kirche? – «Wo bleibst du, Trost der ganzen Welt?» Viele fragen ganz persönlich: Warum lässt Gott mich hängen? Hat er mich ganz vergessen? Was hat er gegen mich? Warum lässt er mich fallen? – Wir sind keine Gottesbesitzer. Die Hoffnung, die uns eröffnet ist, kann (wie bei Maria) erschrecken – angesichts der Welt, wie sie ist. Es braucht schon die ganze Kraft des Schöpfergeistes, um uns die Sinne zu öffnen und glaubend Ja zu sagen: «Denn für Gott ist nichts unmöglich» (37).

Vieles, was Gott zugesagt hat, lässt auf sich warten, und viele werden darüber ungeduldig oder haben längst die Geduld verloren: Ist auf Gott Verlass? Macht er Versprechen und hält sie nicht? Hat er den Mund zu voll genommen? Und reden darum die Prediger nicht in aller Regel viel zu unbekümmert und vollmundig daher? – Mit Jesus Christus werden die Verheißungen Gottes nicht vollends und rundum erfüllt, sondern bekräftigt. Er ist wie die Unterschrift unter einer Urkunde. Bestätigte Verheißungen sind noch nicht erfüllt. Das Warten geht weiter, auch für uns Christen. Gottes Reich gleicht einem Saatkorn, das noch wachsen muss. Es bleibt noch viel zu hoffen übrig – trotz der Nähe Gottes, oder besser: gerade wenn man mit seinem Kommen rechnet. Christen geben sich nicht zufrieden mit dem, was ist. Sie trauen ihren guten Verheißungen und Hoffnungen mehr als den schlechten Erfahrungen. Sie sind guter Hoffnung. «O Heiland, reiß die Himmel auf!»

II.
WEIHNACHTEN

MENSCHWERDUNG GOTTES

5

Gott geht
in die Knie

Er kam in sein Eigentum,
aber die Seinen nahmen ihn nicht auf.
(JOH 1,11)

IN AUGENHÖHE

Haben Sie das schon bedacht? Wenn eine Mutter, ein Vater mit ihrem Kind spielen, dann bleiben sie nicht stehen und schauen von oben herab zu. Sie gehen in die Knie, in Augenhöhe mit dem Kind. Und sie basteln eigens Laute und Wörter, die das Kind versteht.

Warum machen sie das eigentlich? Das ist doch lächerlich, denkt mancher, Kinderei! Hat das Kind nicht viel mehr davon, wenn es die Eltern in ihrer vollen Größe vor sich sieht, wenn es ihren mächtigen Schutz erfährt, wenn der Vater die Hand drüber hält ...? Gut! Doch, wenn das Kind glücklich spielt oder im Unglück weint, dann gehen wir in die Knie. Wir lassen uns auf seine Situation ein. Wir möchten ihm unmittelbar in die Augen schauen, ihm ganz nahe sein. Wir werden klein, damit das Kind ganz groß wird.

WENN DER HIMMEL NIEDERKNIET

So macht Gott das mit uns. Allmacht und Erhabenheit sind für ihn nicht alles. Er ist so frei und geht in die Knie, dorthin, wo wir sind. Er erlebt das Leben aus unserer Perspektive. «Ihr werdet ein Kind finden, das, in Windeln gewickelt, in einer Krippe liegt» (Lk 2,12). Windeln und Futtertrog sind die Zeichen, an denen man ihn erkennt. Jämmerlich – oder? Wir würden sagen: So kann man doch mit Anstand nicht geboren werden. Er wohl!

Ein bedürftiges Kind ist nicht unbedingt ein überwältigender Gottesbeweis, für viele eher eine Zumutung. Und doch – näher war Gott uns nie. Er kommt nicht als strahlender Held zur Welt, sondern als Kind wie unsereins. Wir, die wir nach dem Besonderen schielen, werden zurückgewiesen auf unser gewöhnliches Leben. Im Gewöhnlichen ist er zu finden, der ganz und gar Ungewöhnliche, eben dort, wo wir sind.

«Ich weiß nicht, ob der Himmel niederkniet,
wenn man zu schwach ist, um hinaufzukommen?»
(CHRISTINE LAVANT)

Christen glauben an diesen Kniefall Gottes. Darum feiern wir Weihnachten. Gott ist nicht von oben herab. Er begegnet uns in Augenhöhe, von Mensch zu Mensch. Ist das nicht unter seinem Niveau, unter seiner Würde? Die Theologen der frühen Kirche wiederholen immer neu diesen Satz, der in der modernen Psychologie seine Bestätigung findet: Nichts kann geheilt und erlöst werden, was nicht angenommen ist. Das ist das Geheimnis der Menschwerdung.

Gott lässt sich auf unsere Situation ein, auf unsere Ebene. Er hat sich weit hinausgewagt in die Fremde. Er hat sich nicht nur weit aus seinem himmlischen Fenster herausgehängt, er ist bis zum Äußersten gegangen, bis in den letzten Stall, um auch die letzten zu erreichen, die hergelaufenen Hirten – und schließlich auch uns. Ist das Schwäche? Das ist stark!

Ist Gott zu weit gegangen? So weit, wie ihn die Liebe geführt hat, bis in die Knie! Er hat's getan, nicht um sich's leicht zu machen oder sich gar anzubiedern, sondern weil ihm so sehr an der Welt liegt und er nichts und niemanden zum Teufel gehen lassen will.

STALLGERUCH

Damit ist für uns der Weg vorgezeichnet, damit sind Maßstäbe gesetzt. Davon darf man an Weihnachten nicht schweigen. Die Kirche bleibt nur dann die Kirche Jesu Christi, wenn sie sich wie er herauswagt in die Fremde, die doch zugleich «sein Eigentum» (Joh 1,11) ist. Stimmt das denn, dass wir uns viel zu sehr auf die Welt einlassen? Sollen wir etwa neu damit beginnen, uns abzuriegeln gegen die Welt, um hinter verschlossenen Türen weiter zu glauben? Wenn wir uns nur nach allen Regeln der (theologischen) Kunst absichern vor der Welt, kommen wir schließlich gar nicht mehr in den Stall, wo die Geburt stattfindet – aus Angst, dass wir uns die Hände dreckig machen und die saubere Weste. Wer nicht in den Stall geht, verpasst die Menschwerdung Gottes.

Keine Frage, es gibt die Gefahr einer naiven modischen Anpassung und eines liberalistischen Minimalismus. Wer auf dieser Welle mitschwimmt, driftet ab. Unverbindlichkeit und Grau in Grau haben wir in unserer

Unterhaltungsgesellschaft zuhauf, das muss man nicht noch religiös reproduzieren. Im Pluralismus dient es niemandem, wenn alle zum Verwechseln ähnlich sind. Da muss man vielmehr Farbe bekennen – und dies nicht nur im Wort, sondern im Lebenszeugnis, mitten in der Welt, sozusagen im Stall. Diesen Stallgeruch können und dürfen wir gar nicht ablegen.

Seit Weihnachten können wir nicht mehr von Gott sprechen ohne die Welt, nicht mehr zu ihm kommen ohne die anderen. Was zu sagen und zu tun ist, das wissen wir nicht alles schon vorweg, unabhängig von dem, was uns hier und jetzt begegnet. Das wissen wir oft erst, wenn wir wie der Vater, wie die Mutter in die Knie gehen, in Augenhöhe mit den anderen, wenn wir uns auf sie einlassen in der Leidenschaft des Glaubens, der das geknickte Rohr nicht ganz zu Bruch gehen lässt und den glimmenden Docht nicht erlöschen lässt.

SICH IN DIE FREMDE
WAGEN

Denke niemand, das sei der einfachere und bequemere Weg. Wer das sagt, hat keine Ahnung von dem, worum es hier geht. Wissen die, die sich einschlägig immer wieder zu Wort melden, denn überhaupt, was das heißt, sich herauszuwagen in die Fremde, sich fremden Einsichten und Argumenten auszusetzen und mit Sachkenntnis und mit Argumenten für die Wahrheit einzustehen? Das geht an die Nieren. Wer sich darum bemüht, ist angefochten durch das, was er sieht und hört, wenn er sich auf die Abgründe des Lebens einlässt. Wie soll er das mit Gott zusammenbringen? – Er ist herausgefordert, neue Einsichten und Erfahrungen in die Sprache des Glaubens zu bringen und in Taten der Liebe. Das ist nicht diplomatisch zu händeln, das geht durch uns hindurch, durch und durch.

Gott geht in die Knie, er lässt sich ein auf unsere Welt. Die Hirten und die Weisen haben sich davon bewegen lassen und sind in den Stall gekommen. Wovon und wohin lassen wir uns bewegen?

6

Sind wir noch im Bilde?

LEERER RAHMEN

In der Kunstausstellung anlässlich eines Katholikentages stießen die Besucher gleich am Eingang auf ein eigenartiges Werk. Auf dem Parkettboden lagen zwei große Rahmen aus rostfreiem Stahl, der eine kreisrund, der andere quadratisch, sonst nichts. «Ist das alles?», fragten sich viele Besucher und schüttelten den Kopf: «Was hat das für einen Sinn?»

Ein leerer Rahmen, in der Mitte ein gähnendes Loch. Wie geht uns das an Weihnachten? Der Rahmen ist wunderbar, wer möchte ihn missen? Und es ist ja wahr: Das Fest muss doch einen Rahmen haben. Aber die Sache selbst, das Bild? Sind wir noch im Bilde?

Manche haben in ihrer Wohnung einen schönen alten Rahmen. Statt des Bildes ist ein Spiegel drin. Der Rahmen mit dem Spiegel: Man steht davor und sieht nur sich selbst. Was feiern wir an Weihnachten: Uns selbst? Unsere Großzügigkeit im Schenken? Unseren guten Geschmack? Ist das alles? Das kann's doch nicht sein. Sind wir noch im Bilde?

GOTTESKRISE

Man kann ehrlicherweise nicht von Weihnachten reden, ohne von Gott zu sprechen. Da aber geraten wir ins Stocken. Können wir das noch, von Gott sprechen und zu ihm? Hier genau liegt unser Problem. Viele sprechen von einer Kirchenkrise. Die spüren wir auf Schritt und Tritt, nicht nur an den Austritten. Die Kirchen stehen da wie entlaubte Bäume in der Winterlandschaft. Es weht ein kalter Wind – von vorn. Der kann ja durchaus heilsam sein, der muss uns nicht umwerfen. Wenn's nur darum ginge! Die Krise, in die das Christentum in unseren Breiten geraten ist, sitzt tiefer: Sie ist nicht nur eine Kirchenkrise, sondern eine Gotteskrise. Kann Gott in die Krise geraten? Er nicht, aber wir mit ihm – und er mit uns.

«Woran Gott stirbt» heißt eine sehr nachdenkliche Rede des Schriftstellers Martin Walser. Er fragt: «Ob ein Kind, das in einer Familie ohne Gott aufwächst, noch erschrickt, wenn es 15 oder 19 wird und selber erlebt, dass Gott fehlt? Oder vermisst so jemand überhaupt nichts?» – Ich glaub nix, mir fehlt nix! Gott ist einfach kein Thema mehr. «Der die Welt beschimpfende Daumenlutscher ist unser Muster. Dem Daumenlutscher stirbt kein Gott. Er ist sein eigener Gott.» Er genügt sich selbst. Und weiter: Ist uns schon der Schrecken durch die Glieder gefahren, wenn wir «zahnwehhaft scharf spüren, dass Gott fehlt»? Ist Gott nicht auch im Bewusstsein und in der Praxis der Kirchen an den

Rand geraten? Er wird «gewartet», sagt Walser, perfekt gewartet wie eine Maschine. Wo wird er leidenschaftlich gesucht?

Wir reden uns ständig die Köpfe heiß, aber das Herz bleibt kalt. Wir leugnen Gott nicht, aber wir rechnen auch nicht ernsthaft mit ihm. Unser Gott ist weder zum Fürchten noch zum Verlieben. Fängt jemand damit an, wird er schnell in die fundamentalistische oder charismatische Ecke gestellt, er gilt als altmodisch und verschroben. So reden und erklären wir alles Mögliche, aber es kommt kaum noch durch, was wir der Welt schuldig sind: dass wir für Gott einstehen. Sind wir noch im Bilde?

Das Sprechen von Gott stammt allemal aus dem Sprechen mit Gott, aus dem Gebet. Das ist das Erste. Kennen wir es noch? Ein Pfarrer erzählte mir, ein junger Mann habe ihn in Verlegenheit gebracht. Er habe ihn gefragt: «Können Sie mir sagen, wie man beten lernt?» Können wir jungen Leuten verständlich machen, was wir meinen, wenn wir singen: «Kommt, lasset uns anbeten…» «Lasst uns vor ihm niederfallen…»? Da geht man in die Knie. – Aber verliert man nicht sein Rückgrat, wenn man «niederfällt»? Nur wer ein Rückgrat hat, kann sich so tief bücken. Er weiß, dass er den aufrechten Gang dem verdankt, vor dem er sich niederbeugt. Und er wird vor nichts und niemandem sonst in die Knie gehen.

GOTT STECKT IN
UNSERER HAUT

Sind wir noch im Bilde an Weihnachten? Bei Gott geht es da nicht um blutleere Spekulationen; es geht um uns. Es geht darum, wie groß oder klein wir Menschen von uns selbst denken und von unserer Welt. Nicht zuletzt um der Menschen willen halten wir uns an Gott. Weihnachten sagt uns: Er steckt in unserer Haut. Wir sagen oft: Ich möchte nicht in deiner Haut stecken. Gott hätte das auch sagen können, wahrhaftig. Er hat es nicht getan. Er steckt in unserer Haut. Weder kommt er von oben herab, noch sind wir ihm egal. Er ist ganz einfach mit uns. Auf hebräisch heißt das: Emmanuel. Weil er mit uns ist, deshalb sind wir mehr, als wir haben und aus uns machen, mehr als unser Werk. Gott ist mit uns.

Man kann leicht sagen: Gott, das ist doch heute kein Thema mehr. Da sind wir drüber weg – aufgeklärt, wie wir zu sein uns einbilden. Manche denken gar, das sei der Gipfel der Emanzipation, sich von Gott zu emanzipieren. Oder sie begnügen sich mit dem postmodernen Allerlei: Der eine so, der andere so, jeder stellt sich sein religiöses Menü selbst zurecht. Das geht in aller Regel auf Kosten des Menschen. Im Menschwerden ist Gott uns allemal voraus. Davon versteht er mehr seit Jesu Geburt im Stall.

Sind wir noch im Bilde? Auf das Bild kommt's an, auf das Weihnachtsgeschehen: Gott steckt in unserer Haut. Davor kann man nur den Kopf schütteln, oder man geht davor in die Knie. Wer in die Knie geht, der feiert Weihnachten.

7

Jesus
der Christus

Weihnachten – wir feiern Geburtstag. Wer ist das Geburtstagskind, dieser Jesus aus Nazaret, den wir als den Christus bekennen, den Messias? In Zeiten boomender vager Religiosität wird viel über ihn geschrieben in Zeitungen und Magazinen, oft ohne Kenntnis seiner Person. Haben wir eine Ahnung? Versuchen wir uns ihm zu nähern, in wenigen Zügen. Ganz einfach ist es nicht, er hat's in sich. Wer ist er?

UNGEWÖHNLICH
GEWÖHNLICH

Denken Sie nicht auch: Jesus gehört in die Reihe der ganz großen Gestalten der Menschheit: Sokrates, Goethe, Bach, Beethoven, Mozart, Rembrandt ... Die Top-Ten der Menschheitsgeschichte. Doch Jesus begegnet uns in den Evangelien nicht als genialer Übermensch. Er fällt zunächst kaum auf, ist ungewöhnlich gewöhnlich. Er stammt aus ganz einfachen Verhältnissen. Er ist in seiner jüdischen Heimat nie zu einer Spitzenposition aufgestiegen, er hatte weder Rang noch Namen. Er hat nie ein Buch geschrieben, nur kurze Zeit in der Öffentlichkeit gewirkt.

Aber er ist doch der Gründer einer Weltreligion! Viele nennen ihn zusammen mit Buddha oder Mohammed. Die haben versucht, Menschen Zugänge zu Gott zu bahnen. Jesus steht dafür, dass Gott sich einen neuen Zugang zu den Menschen gebahnt hat – nicht hoch hinaus, sondern tief herunter. Er hat Gott vereinbar gemacht mit dem ganz gewöhnlichen Menschsein. Transzendenz nach unten! Jesus – der Name ist Programm: Gott rettet. Er ging dabei bis zum Äußersten, bis in die letzte Hütte, in die Futterkrippe. Gottesgeburt im Stall – das ist Weihnachten.

Jesus hat uns Gott nahe gebracht. Seinen Willen und seine Herrschaft hat er gegenüber allen menschlichen Autoritäten unnachgiebig vertreten: ‹Sucht zuerst Gott und sein Reich – alles andere dann ...› Die Wirklichkeit

Gottes war ihm wichtiger als Selbstverwirklichung. Er lud die Menschen ein, sich mit Gott zu versöhnen, nicht nur mit sich selbst. Er wollte verhindern, dass sie bei sich selbst stehen bleiben und nicht über sich hinaus kommen, sich in der Sorge um sich selbst erschöpfen. Er gründete ihr Leben in Gott. Das schenkt Freiheit, das lässt aufatmen.

Er sprach vom Salz der Erde, nicht von Honig oder Marmelade. Er hat die Leidenschaft nicht durch Gemütlichkeit ersetzt. Vorsichtig und sparsam mit sich selbst umzugehen war nicht seine Art. Er schonte sich nicht, er setzte sich aus. Er beanspruchte keine Privilegien und pochte nicht auf seinen Besitzstand. Er wollte nicht an anderen verdienen, er diente. Er hatte kaum Geld. Gott war ihm wichtiger als ein sattes Bankkonto. Wenn man heute hierzulande den Eindruck gewinnt, die Kirche bräche zusammen, weil ihr das Geld ausgeht – die Sorge hatte er nicht. Als Patron kirchlicher Wehleidigkeit ist er nicht zu gebrauchen.

Er widerstand der Versuchung, die Welt mit Gewalt in Ordnung zu bringen – kein heiliger Krieger, der um der vermeintlich guten Sache willen über Leichen geht. Er war überzeugt, dass es besser ist, den Erfolg zu opfern als Gottes Liebe. Er war so frei, sich verschenken zu können. Er ließ nicht andere für sich sterben, sondern starb für die Menschen – «für euch und für alle». Krippe und Kreuz – er ist sich treu geblieben.

AUS GOTT GEBOREN

Noch einmal: Wer ist der in Betlehem geborene Jesus, den wir als den Christus bekennen und der uns den Namen gibt? Einen Augenblick könnten wir denken: Er ist ein religiöses Genie, ganz außergewöhnlich begabt in Sachen Gott. Ist damit alles gesagt? Was für seine Göttlichkeit spricht, ist nicht allein aus den Qualitäten seiner Menschlichkeit zu erklären. Die Evangelien bezeugen, dass er noch aus einer anderen Wurzel lebt, die nicht in der Zeit gewachsen ist.

Bei einem Kind sagen wir oft: «Schau her, ganz der Vater, ganz die Mutter ...» Jesus ist nicht einfach nur aus seinem jüdischen Stammbaum erwachsen. Er ist auch nicht die Gipfelleistung der Menschheit, ein Glücksfall der Evolution. Es gibt nichts im Schoß der Natur, nichts in der menschlichen Fruchtbarkeit, das ihn hervorbringen könnte. Er ist von Gottes Art: «Empfangen durch den Heiligen Geist, geboren von der Jungfrau Maria.» Jesus trägt das Feuer des Gottesgeistes mitten in unser gewöhnliches irdisches Dasein. Und zugleich ist er wie ein Pfeil, der von uns aus weit über die Natur hinausgeht auf Gott hin. Zweifach spricht er das Ja – von Gott her in die Welt und von der Welt her zu Gott. In ihm entdecken wir beides: Wer Gott ist und wer der Mensch ist. Er ist der Sohn Gottes und der Menschen.

Jesus will keine Fans, sondern Nachfolger. Es genügt nicht, ihm von der Tribüne her Beifall zu klatschen. Es kommt darauf an, Seinen Weg einzuschlagen. Die Wahrheit seines Lebens will uns Beine machen, wie den Hirten auf den Feldern Betlehems. Sie ist nicht im Sitzen zu erledigen. Er ist uns voraus, und wir sind hinter ihm her. Sind wir's?

8

Gottes neue Heimat

Denn ihr wisst, was Jesus Christus, unser Herr, in seiner Liebe getan hat: Er, der reich war, wurde euretwegen arm, um euch durch seine Armut reich zu machen. (2 KOR 8,9)

Nach der griechischen Sage verspricht Dionysos dem König Midas von Phrygien: «Ich erfülle dir einen Wunsch.» Der König überlegt nicht lange: «Lass alles, was ich berühre, zu Gold werden.» Gesagt – getan. Midas ist gespannt und versucht's mit dem Göttergeschenk. Er berührt einige Dinge, und im Nu funkelt es rund um ihn herum von purem Gold.

Überglücklich setzt sich der König zum Mahl, greift nach Brot und Braten – und er hat ein Stück Gold in der Hand. Er führt den Becher zum Mund, und der Wein wird zu Gold. Midas ist wie vom Schlag getroffen in seinem Glücksrausch. Er erkennt, wohin er in seiner Gier nach Reichtum gekommen ist: Er verhungert und verdurstet. – Reichtum, der verhungern lässt, der das Leben erstarren lässt. Gibt es das nicht auch bei uns? Stellen Sie sich vor, Sie hätten zu Weihnachten einen Wunsch frei. Was würden Sie wählen? Ein goldenes Göttergeschenk, das Ihnen in den Schoß fällt?

EINGRIFF IN DIE SUBSTANZ

Unser Gottesgeschenk ereignet sich im Kontrast zur Midas-Sage, gerade umgekehrt. Ihr kennt doch die Liebe Jesu Christi, sagt Paulus. Ihr kennt doch das Gottesgeschenk: «Er, der reich war, wurde euretwegen arm.»

Gott und arm – wie soll man das zusammenbringen? Das wirft unsere gängigen Vorstellungen über den Haufen. Wir denken: ‹Reiche können Arme mitversorgen, solange sie reich bleiben. Von Zinsen kann man leben und leben lassen, wenn nur das Grundkapital nicht angegriffen wird.› Auch der «ewigreiche Gott» kann nach der Logik unserer Ökonomie Menschen nur helfen, solange er selbst reich bleibt. Dann kann er gelegentlich von oben seine Geschenke herunterfallen lassen oder einen goldenen Wunsch erfüllen. Aber ein Gott, der arm wird, der bringt uns nicht weiter! So denken wir.

Gott denkt anders, und er handelt anders. Er geht an sein eigenes Grundkapital, er greift in die Substanz ein, in die göttliche Substanz. Es steht ausdrücklich da, dass Christus uns «durch seine Armut reich» macht, also nicht durch seinen Reichtum. So sieht das aus: Stall – Krippe – Flüchtlingskind, verkannt – verfolgt – verraten – verlassen. Der Weg zwischen Betlehem und Golgota ist nicht mit Samtteppichen ausgelegt. Gott wird nicht nur pro forma arm.

Arm und reich, die Begriffe und mehr noch die damit angesprochenen Fronten geraten in Bewegung. Was heißt eigentlich reich? Gott gibt auf diese Frage nicht die übliche Antwort: Gold über Gold, schließlich noch als Göttergeschenk verklärt. Er offenbart in seiner Armut, was Menschen bereichert. Christus ist darin so bereichernd, dass er sich mit allem, was sein ist, verschenkt. Das geht an die Substanz. Denn er gibt nicht etwas, sondern sich. Aber er verliert dabei nicht. Er bezeugt die göttliche Logik der Liebe: Der Gewinn liegt im Geben. Nicht die sind letztlich reich, die viel haben, sondern die viel geben.

GOTTES ARMUT

E r, der reich war, wurde euretwegen arm, um euch durch seine Armut reich zu machen.» Können wir das nachvollziehen, dass wir durch ihn reich geworden sind? Eher werden wir denken: Wir sind als Christen heute arm dran nach allem, was zu hören und zu lesen ist. Oder? Christsein als Bereicherung des Lebens? Alles hängt daran, dass wir das mitvollziehen können. Wie denn?

Der Gott, an den wir glauben, teilt nicht nur von oben Güter aus, er teilt unser Leben. Er entäußert sich, gerät außer sich, damit wir zu uns kommen. Er unterläuft den menschlichen Wahn, wie Gott sein zu wollen und den Himmel zu stürmen. Gott hat *diesen* Himmel längst verlassen, er hat den Menschen und die Welt als neue Heimat entdeckt. Er ist uns gerade in dem voraus, was wir wie selbstverständlich für uns beanspruchen: im Menschsein. Er ist bei uns zu Hause. Das ist der reichste Schatz, den wir empfangen können. Damit brauchen wir uns nicht zu verstecken, damit können wir uns sehen lassen.

Christen lassen sich von niemandem darin übertreffen, groß vom Menschen zu denken. Sie können getrost dem gnadenlosen Traum entsagen, mehr als ein Mensch zu sein. Gott erwartet nichts Übermenschliches von uns. Es genügt, dass wir ganz Mensch sind, so menschlich wie nur möglich. Wir müssen nicht krampfhaft über unsere Verhältnisse leben wollen, neureich oder wie auch immer. Wir müssen nicht den selbst produzierten Reichtümern nachjagen, die uns schließlich doch verhungern lassen. Wir brauchen uns auch nicht «fromm» zu überfordern. Geben können wir nur, was wir empfangen haben.

GNADENLOSE LOGIK ODER LOGIK DER GNADE

Reich und arm, die Worte treffen unser Leben nicht nur geistig, im Innern, sondern bis in unsere äußeren Bezüge. Paulus schreibt seinen Grundsatz im Zusammenhang eines Spendenaufrufs. Läuft's also auf eine übliche Bettelpredigt hinaus? So billig ist die Botschaft nicht. Es geht nicht nur darum, etwas Geld locker zu machen, sondern uns selbst. Es geht um den Preis der Nachfolge Christi. Es geht um die Logik seines Lebens: Wir gewinnen im Geben. Diese Logik berührt uns nicht nur am Rande unseres Besitzes, sondern geht an die Substanz, ans «Eingemachte». Da muss Reichtum von den einen zu den anderen fließen, bis es zum Ausgleich kommt zwischen Reichen und Armen, unter Christen allemal, meint Paulus (8,14).

In einer Wochenzeitung sah ich folgende Karikatur: Ein Weißer, elegant gekleidet, sitzt gemütlich auf einem Felsen am Meer. An der äußersten Spitze des Felsens hängt ein Afrikaner, er kann sich vor Schwäche kaum noch halten. Der Weiße, von Leckerbissen umgeben, beißt genüsslich in seine Wurst. Unter dem Bild ist zu lesen: «Geduld! Erst muss ich mich stärken, um dir zu helfen.» – Das ist eine gnadenlose Logik. Sie hat in den vergangenen Jahrzehnten dazu geführt, dass Reiche immer reicher und Arme immer ärmer geworden sind. Vieles deutet darauf hin, dass die Verteilungskämpfe in Zukunft stärker in den Vordergrund treten, im eigenen Land und in der Welt überhaupt. Ob wir uns Wege einfallen lassen, die zu einem Ausgleich führen zwischen Arm und Reich? Oder werden wir kleinkariert und einfallslos nur mit Zähnen und Klauen unseren Besitzstand verteidigen, koste es, was es wolle? Werden wir unsere Überlegenheit ausspielen, unsere eigene Stärke ausbauen, oder werden wir uns für andere stark machen? Welcher Logik folgen wir, der gnadenlosen oder der Logik der Gnade? Diese Fragen gehen an die Substanz unseres Glaubens und unseres Besitzes.

König Midas wäre in seinem Reichtum fast verhungert. Nach der Sage findet er Erlösung. Er wird in den Fluss Paktolos geschickt und muss ihn gegen den Strom hinaufgehen, bis zur Quelle. So wird er von seiner Schuld befreit. – Es ist nicht leicht, über allem, was heute als Reichtum verkauft wird, *den* Reichtum zu entdecken, von dem der Apostel Paulus spricht. Man muss wohl gegen den Strom schwimmen, zur Quelle, Jesus Christus. Sie verströmt sich «für euch und für alle».

9

Von Mensch zu Mensch

Als die Engel sie verlassen hatten und in den Himmel zurückgekehrt waren, sagten die Hirten zueinander: Kommt, wir gehen nach Betlehem, um das Ereignis zu sehen, das uns der Herr verkünden ließ. So eilten sie hin und fanden Maria und Josef und das Kind, das in der Krippe lag. Als sie es sahen, erzählten sie, was ihnen über dieses Kind gesagt worden war. Und alle, die es hörten, staunten über die Worte der Hirten. Maria aber bewahrte alles, was geschehen war, in ihrem Herzen und dachte darüber nach. Die Hirten kehrten zurück, rühmten Gott und priesen ihn für das, was sie gehört und gesehen hatten; denn alles war so gewesen, wie es ihnen gesagt worden war. (LK 2,15-20)

WIE WEIHNACHTEN

Ein Gefühl wie Weihnachten! Das kennen Sie doch. Vielleicht haben Sie es. Was ist das eigentlich? Wie eine andere Welt: Der Himmel öffnet sich. Da kann man die Engel singen hören. Erfahrungen an der Grenze – nicht nur auf den Feldern von Betlehem.

Wenig später ist der ganze Glanz verflogen. Kein Engel ist mehr zu sehen, die Hirten sind wieder allein. Alles Alltag. – Ein atemberaubender Szenenwechsel. Wie bringen wir das zusammen: Himmelschöre und unsere dunkle Erde, das strahlende Fest und unseren grauen Alltag?

Ich will das «Gefühl wie Weihnachten» nicht madig machen. Es kann ja etwas dahinterstecken. Eine Ahnung, dass wir nicht vom Brot allein leben, dass die Liebe größeres Recht hat als der Hass, dass die Armen und die Fremden zu uns gehören. Wir ahnen, dass es einen «Mehrwert» des Lebens gibt, eine bessere Welt. Wie ist die nur mit unserer alltäglichen Lebenswelt zusammenzuhalten? Da, an diesem Punkt holen uns die Hirten ab. Da laden sie uns zu sich ein.

NÄHER WAR GOTT UNS NIE!

Als die Engel die Hirten verlassen hatten …», so beginnt das Evangelium heute morgen. Die Engel sind weg. Was nun? Aus der Traum? Ist Weihnachten vorbei? Ist alles beim Alten? Wo bleibt das «Gefühl wie Weihnachten»?

Die Hirten haben die Engelbotschaft im Ohr. Sie sind nicht enttäuscht oder verdrossen, sie sind gewiss, dass der Himmel auf Erden zu finden ist. Für sie gibt es nur noch eins: Sie wollen sehen, was ist. «Kommt, wir gehen nach Betlehem, um das Ereignis zu sehen, das uns der Herr verkünden ließ» (15).

Was sehen sie? «Maria und Josef und das Kind, das in der Krippe lag» (16). – Was hat das mit Engeln und Himmel, was hat das mit Gott zu tun? Kann Gott sich so sehen lassen? Hier zeigt er sein wahres Gesicht. Er begegnet uns in Augenhöhe, von Mensch zu Mensch. Ein hilfloses Kind ist nicht unbedingt ein überwältigender Gottesbeweis, für viele eher eine Zumutung. Und doch, näher war Gott nie: All denen, die selbst hilflos sind und angewiesen auf Schutz und Wärme; all denen, die leicht übersehen werden und an denen man am liebsten möglichst schnell vorbeigeht; uns allen in unserer Zerrissenheit und unserem Hunger nach Leben.

Gott begegnet uns im Alltag der Welt, nicht erst am Ende der Zeiten und in unendlicher Distanz; er ist schon jetzt mitten unter uns. Im Gewöhnlichen ist er zu finden, der ganz und gar Ungewöhnliche. Gott führt uns nicht aus der Geschichte heraus, sondern tiefer in sie hinein.

BEWEGUNG STATT SITZUNG

Es ist gar nicht so einfach, richtig Weihnachten zu feiern. Mit dem «Gefühl wie Weihnachten» allein ist es nicht getan. Wo ist eigentlich mein Platz in dieser Geschichte? Vielleicht bei den Hirten? Wer sich ihnen anschließt, bringt sich selber mit: neben allem, was ihn erfüllt, auch die Leere; neben allem Reichtum auch die Armut; das, was gelang und was in die Brüche ging.

Von den Hirten heißt es hier: «Sie eilten hin» (16). Das mag vielen zu schnell gehen. Wer kann schon mit ihnen Schritt halten, wenn der Glaube knapp geworden ist. Was für sie damals ein schneller Weg war, ist für uns eine lange Reise mit viel Gepäck. Unsere Schritte sind schwer geworden, manches liegt quer und versperrt uns den Zugang.

Ich möchte mit den Hirten gehen. Ich möchte von ihnen lernen, dass kleine Schritte mehr bringen als große Worte. Ich möchte mich von ihnen bewegen lassen. Bewegung, das ist etwas anderes als «Sitzung». Die beschäftigen uns stundenlang. Und man wird oft in den quälenden Diskussionen den Eindruck nicht los: Es bewegt sich nichts. Wird man von der Kirche unserer Tage sagen können: «Und sie bewegt sich doch!»? Bringt uns die Weihnachtsbotschaft auf die Beine, hin zu den anderen Menschen?

Wir können von den Hirten lernen, dass es darauf ankommt, die Sache selbst in die Hand zu nehmen. Sie geben den Fall nicht an eine Kommission weiter. Die hätte getagt, Ausschüsse gebildet und wieder getagt, und schließlich hätte sie die Heilige Nacht vertagt oder verschlafen. So nicht! Die Hirten wissen sich selbst gerufen und gefordert. Was sie hören, erzählen sie weiter (vgl. 17). Sie werden zu Boten der Botschaft, die sie empfangen haben. Sie, die ganz einfachen Leute, die Nicht-Studierten, die Laien, sie sind die ersten Boten des Weihnachtsevangeliums in ihrer Alltagswelt. Gott braucht Zeugen, die mit ihrer Glaubenserfahrung nicht hinterm Berg halten.

IM ALLTAG

Die Hirten kehrten zurück, rühmten Gott und priesen ihn für das, was sie gehört und gesehen hatten» (20). Das Gotteslob wird laut im Alltag ihrer Welt. Dort sind sie von der Ankunft Gottes getroffen worden, dort erfüllt sich ihre Sendung. Ich wünsche mir, wir könnten etwas von diesem Lob in unseren Alltag rüberbringen. – Das «Gefühl wie Weihnachten» in Ehren, es bringt uns auf Spuren, die weit über uns selbst hinausführen. Aber auch der schönste und spannendste Weg beginnt mit dem ersten Schritt. Den müssen wir selbst tun, hinein in unsere alltägliche Welt. Dort ist unser Platz, dorthin sind wir gerufen; aber nicht so, als sei nichts geschehen. Aus den Hirten sind keine Könige geworden, und doch hat sich bei ihnen etwas getan, wie bei Menschen, die dem Leben auf die Spur gekommen sind – in dem neugeborenen Kind. In ihm schenkt Gott uns allen einen neuen Anfang. Wir sind nicht am Ende, weder mit der Welt noch mit der Kirche noch mit uns selbst, mit niemandem. Wir können anfangen.

MENSCHWERDUNG
DES
MENSCHEN

10

Das Bild des unsichtbaren Gottes

Dankt dem Vater mit Freude! Er hat euch fähig gemacht, Anteil zu haben am Los der Heiligen, die im Licht sind. Er hat uns der Macht der Finsternis entrissen und aufgenommen in das Reich seines geliebten Sohnes. Durch ihn haben wir die Erlösung, die

Vergebung der Sünden. Er ist das Ebenbild des unsichtbaren Gottes, der Erstgeborene der ganzen Schöpfung. Denn in ihm wurde alles erschaffen, im Himmel und auf Erden, das Sichtbare und das Unsichtbare, Throne und Herrschaften, Mächte und Gewalten; alles ist durch ihn und auf ihn hin geschaffen. Er ist vor aller Schöpfung, in ihm hat alles Bestand. Er ist das Haupt des Leibes, der Leib aber ist die Kirche. Er ist der Ursprung, der Erstgeborene der Toten; so hat er in allem den Vorrang. Denn Gott wollte mit seiner ganzen Fülle in ihm wohnen, um durch ihn alles zu versöhnen. Alles im Himmel und auf Erden wollte er zu Christus führen, der Friede gestiftet hat am Kreuz durch sein Blut.»
(KOL 1,12-20)

Sie kennen die Situation: Die Geschenke liegen unterm Tannenbaum, die ganze Familie ist gespannt, was es denn gibt. Ein großes Paket ist dabei, in buntem Weihnachtspapier. Die Mutter beginnt, es aufzuschnüren. Noch ist nichts zu sehen außer schönem Seidenpapier. Schicht um Schicht wird es abgewickelt, bis endlich das Geschenk herauskommt: ein großer goldener Rahmen. Alle staunen: toll, wunderbar, super! Auf einmal ruft der Jüngste: Wo ist denn das Bild?

DER UNSICHTBARE WIRD SICHTBAR

Wir hörten soeben das Apostelwort: «Er (Christus) ist das Bild des unsichtbaren Gottes.» Wie soll man das verstehen? Kann es ein Bild von Unsichtbarem geben? Man kann doch nur Sichtbares abbilden, meinen die sogenannten Realisten aller Provenienz. Sie irren. Schon jeder gute Fotograf weiß, dass die Realität viel größer ist, als der Sucher seiner Kamera hergibt. Künstler wissen es erst recht. Paul Klee zum Beispiel wollte ausdrücklich nicht Sichtbares malen, sondern Unsichtbares sichtbar werden lassen. Gilt das nicht entsprechend für die Musik? Und für das Leben überhaupt, für die Liebe? Man sieht nur mit dem Herzen gut, eben das Unsichtbare.

Christus – das Bild des unsichtbaren Gottes, die Ikone, so steht's da im griechischen Urtext. «Ikone» meint nicht irgendeine Abbildung, keinen Schnappschuss mit der Kamera. Was da zum Vorschein kommt, ist nicht zu fassen und doch wirklich da. «Du kannst dir kein Bild davon machen» und «Du darfst dir kein Bild davon machen» (das Bilderverbot!). Die Ikone des unsichtbaren Gottes ist nicht Menschen Werk, sondern Gottes Tat. Das Geheimnis, das wir Gott nennen, bleibt unsichtbar, es ist zu groß für unsere Augen und übersteigt unser Begreifen.

Aber in Christus hat es Gestalt gefunden, ein menschliches Gesicht. «Dich wahren Gott ich finde, in meinem

79

Fleisch und Blut ...» So konkret ist das, ganz unmittelbar, im wahrsten Sinne des Wortes hautnah. Gott steckt in unserer Haut. Der Unsichtbare ist faszinierend sichtbar geworden und zur Welt gekommen. Die Weihnachtsgeschichte erzählt von Alltäglichkeiten unseres Lebens: Herbergssuche, Kinderkrippe, Kind wickeln, und dann die Flucht. Sichtbarer, hautnaher geht's nicht.

Christus steht für den unsichtbaren Gott – und für den wahren Menschen. Ganz Gott und ganz Mensch. Eine unheimliche Spannung, zum Zerbersten: unsichtbar, nicht zu fassen – sichtbarer Mensch. In ihm dürfen wir anschaulich sehen, wer der unsichtbare Gott ist; und wir dürfen gleichermaßen erkennen, wie Menschwerden geht, wie man Mensch wird – das Eine nicht ohne das Andere. Er ist der Inbegriff oder besser das Inbild des Christlichen.

DAS EBENBILD GOTTES

Im Bild des unsichtbaren Gottes erkennen wir nicht nur uns selbst, sozusagen ganz privat. Weihnachten ist keine Veranstaltung nur für Kirchenleute. Hier geht's um alle Menschen, ja um alle Dinge, um das Ganze: «Er (Christus) ist der Erstgeborene der ganzen Schöpfung, denn in ihm wurde alles erschaffen ...»

Eine rasante Ausweitung und Zuspitzung! Weihnachten geht es um die ganze Schöpfung. Der unsichtbare Gott kommt uns in allen sichtbaren Dingen entgegen.

In allem, was ist, will er sich finden und suchen lassen. Das gilt besonders für uns Menschen. In der Schöpfungserzählung ganz zu Anfang der Bibel steht dieser Satz: «Gott schuf den Menschen als sein Ebenbild; als Ebenbild Gottes schuf er ihn. Als Mann und Frau schuf er sie.»

Der Mensch als Gottes Ebenbild, als seine Ikone. Im Namen Jesu Christi, des Erstgeborenen der Schöpfung ist zu sagen: Jeder Mensch nimmt teil daran, Bild des unsichtbaren Gottes zu sein. Das ist eine revolutionäre Aussage, sie hat Geschichte gemacht. Es sind eben nicht Gestirne oder Tiere, die als wirkmächtige Repräsentationen Gottes aufgestellt und angebetet werden (wie in den alten Tempeln in Luxor oder Athen), es sind nicht Statuen von Priestern und Königen. Der Mensch ist es – jeder Mensch, Adam und Eva, Mann und Frau. In der Gestalt Christi leuchtet endgültig auf, wie Gott von Anfang an den Menschen gedacht und gewollt hat: Sein Ebenbild zu sein, seine Statue im Tempel der Welt. Das ist der Ursprung und Angelpunkt der Menschenwürde. Personalität, Freiheit, Gleichheit und Geschwisterlichkeit aller sind hier begründet. Mit Recht wird diese biblische Grundaussage als Fundament der Demokratisierung sozialer und politischer Verhältnisse verstanden. Jeder Mensch ist Mensch – nicht der mehr, der weniger, nicht der eine wertvoll, der andere unwert. Jeder Mensch – Ebenbild Gottes. Das ist seine wahre Größe, seine Hochwürdigkeit.

MENSCHWERDUNG

Manch einer wird freilich genau das Gegenteil behaupten, nicht ohne jeden Grund: «Die Krone der Schöpfung, das Schwein, der Mensch» – dichtete Gottfried Benn. In wem steckt nicht Unmenschliches? Wie viele gibt es, die wie Hiob den Tag ihrer Geburt verfluchen, die sich loswerden wollen, die sich selbst und andere in die Luft sprengen. Selbstmordattentäter auf der einen Seite, und auf der anderen Seite Folterknechte in Ländern, die sich als Vorkämpfer der Demokratie verstehen. Ebenbild Gottes? Entartete Gotteskunst?

Soll denn wirklich durch Jesus Christus die ganze Schöpfung unter göttlichem Vorzeichen stehen? Welch unglaubliche Verheißung angesichts der Welt, wie sie ist, angesichts von uns Menschen, wie wir sind! Wie unsichtbar und scheinbar abwesend bleibt der lebendige Gott oft genug in unserer Erfahrung, wie angefochten ist das Projekt Menschwerdung. Wenn doch endlich überall zur Geltung käme, was wir an Weihnachten feiern: Menschwerdung Gottes, Menschwerdung des Menschen.

Am 24. Dezember 1940 wurde in einem Kriegsgefangenenlager bei Trier ein Weihnachtsspiel aufgeführt. Sein Autor ist ein Gefangener, der Philosoph und bekennende Atheist Jean-Paul Sartre. Er schreibt eine Geschichte, die – wie er sagt – die «weiteste Einheit» zwischen Christen und Ungläubigen zum Ausdruck bringen soll. Das Stück trägt den Titel «Bariona» und schildert die Not der jüdischen Bevölkerung unter dem Joch der Römerherrschaft.

So ausweglos scheint die Situation, dass Bariona von seinen Landsleuten verlangt, dass keine Kinder mehr geboren werden, ihre Zukunft sei ja doch der sichere Tod. Da kommt das Gerücht auf, in Betlehem sei ein ganz ungewöhnliches Kind geboren. Manche halten es für den ersehnten Messias. Bariona (Sartre) schüttelt den Kopf, er kann es nicht glauben. Aber tief in seinem Innern lebt ein Traum. Er sagt: «Wenn ein Gott für mich Mensch würde, für mich, liebte ich ihn, ihn ganz allein. Es wären Bande des Blutes zwischen ihm und mir, und für das Danken reichten alle Wege meines Lebens nicht.»

«Wenn ein Gott für mich Mensch würde ...» – «Dich wahren Gott ich finde, in meinem Fleisch und Blut.» «Er ist das Bild des unsichtbaren Gottes.» Dieses Bild verdient einen goldenen Rahmen, damit wir es nicht aus den Augen verlieren, und nicht aus dem Herzen. Und alle Wege unseres Lebens reichen nicht für das Danken.

II

Die Würde
des Menschen

Gott, du hast den Menschen
in seiner Würde wunderbar erschaffen
und noch wunderbarer erneuert.
Lass uns teilhaben an der Gottheit deines Sohnes,
der unsere Menschennatur angenommen hat.

GOTT WÜRDIGT DEN MENSCHEN

Levi Jizchak sucht gegen den Willen seines Schwiegervaters einen bekannten Rabbi in Nikolsburg auf und bleibt einige Zeit bei ihm. Als er zurückkommt, fragt ihn der Schwiegervater spöttisch: «Nun, was hast du schon bei ihm gelernt?» «Ich habe erlernt», antwortet Levi Jizchak, «dass es einen Schöpfer der Welt und der Menschen gibt.» Der Schwiegervater lacht ihn aus, ruft seinen Diener herbei und fragt ihn: «Ist dir bekannt, dass es einen Schöpfer der Menschen gibt?» «Selbstverständlich», nickt der Diener. «Ja», sagt Levi Jizchak nachdenklich, «alle sagen es, aber erlernen sie es auch?»

«Alle sagen es», viele jedenfalls: «Ich glaube an Gott ... den Schöpfer des Himmels und der Erde ...», den Schöpfer der Menschen. Wissen sie auch, welche Konsequenzen das hat? Erlernen sie es? An keinem anderen Punkt sind wir heute durch Wissenschaft und Gentechnik so herausgefordert wie hier. Und keine andere Botschaft antwortet so eindeutig wie die von Weihnachten, dem Fest der Menschwerdung Gottes: Gott würdigt den Menschen.

Das Weihnachtsgebet (aus der Zeit Papst Leos des Großen) bringt es seit 1500 Jahren auf den Punkt: «Gott, du hast den Menschen in seiner Würde wunderbar erschaffen und noch wunderbarer erneuert ...» Da ist das Wort, das wie kein anderes in der Bioethik-Diskussion in aller Munde ist: die Würde des Menschen. Jeder beruft sich darauf und nimmt sie für sich in Anspruch. «Alle sagen es, aber erlernen sie's auch?» Kann man die Würde des Menschen erlernen, wenn man nicht erlernt oder verlernt hat, dass es einen Schöpfer und Erlöser gibt?

Lange bevor die Menschenwürde als unantastbar in Grundgesetz und Menschenrechte eingegangen ist, ist sie im christlichen Glauben grundgelegt und hat unsere abendländische Kultur geprägt. «Gott, du hast den Menschen in seiner Würde wunderbar erschaffen ...» Erschaffung der Welt und des Menschen – das Urdatum unserer Existenz. Jede und jeder sind Gottes Ebenbild, Adam und Eva, Frau und Mann.

WÜRDE STATT WERT

Doch das nicht genug: «Gott, du hast den Menschen in seiner Würde noch wunderbarer erneuert …» Das ist Weihnachten: Gott gibt uns teil an seiner göttlichen Natur, indem er Mensch wird. Mit anderen Worten: Er steckt in unserer Haut, in unserem Fleisch und Blut; er ist ganz darin eingefleischt. Das ist der Angelpunkt der Menschenwürde. Ob Frau oder Mann, schwarz oder weiß, Christ oder Nichtchrist, jeder und jede sind unwiderruflich von Gott gewollt und angenommen. Kann man Größeres vom Menschen sagen? Christen lassen sich von niemandem darin übertreffen, groß vom Menschen zu denken. Mensch, erkenne deine Würde!

Und das sei gleich dazu gesagt, damit Klarheit herrscht an diesem Punkt und nicht das flexible Wischiwaschi einer wortreichen und oft allzu vollmundigen Wertefreudigkeit: Der Mensch hat nicht nur einen Wert, er hat Würde. Das Wort «Wert» stammt vom Markt, aus der Ökonomie. Ein Produkt ist etwas wert, hat seinen Preis. Man kann dieses Wort nicht einfach auf den Menschen übertragen. Der Philosoph Immanuel Kant hat das klar formuliert: «Was einen Preis hat, an dessen Stelle kann auch etwas anderes … gesetzt werden; was dagegen über allen Preis erhaben ist … das hat eine Würde.» Die darf man nicht zu Markte tragen und darüber verhandeln. Die ist nicht austauschbar oder verfügbar. Sie ist nicht an Bedingungen geknüpft, sondern gilt unbedingt. Sie schützt davor, dass der Mensch Mittel zum Zweck wird.

Das ist unter seiner Würde. Ahnen Sie, was das heißt: Gott als den Schöpfer und Erlöser zu erlernen? Gott garantiert die Würde des Menschen.

AUSLESE?

Das fundamental Neue an der Gentechnik ist dies: Der Mensch gestaltet und verändert nicht mehr nur seine Umwelt – er legt Hand an sich selbst. Neue Möglichkeiten fordern neue Verantwortung heraus, vor Gott und vor der Würde des Menschen. Alles steht auf dem Spiel, wenn's ums Leben geht, erst recht, wenn's ans Leben geht. Kann man nach Belieben in Fortpflanzungsprozesse eingreifen? Schließlich «erschaffen» Eltern ihre Kinder nach ihrem eigenen Bild, als Spiegelbild ihrer Wünsche und Träume. Die Gene wird man wohl bald schon nach dem Katalog zusammenstellen können. Trends bestimmen, wie ein Wunschkind aussehen soll. Kinder werden zum Produkt ihrer Eltern und sind an deren Maß gekettet. Das ist unter ihrer Würde. Ebenbild von Menschen oder Gottes Ebenbild – das ist ein himmelweiter Unterschied. «Ebenbild Gottes» schenkt dem Menschen die Freiheit, er selbst zu sein und es immer mehr zu werden, seinen eigenen Weg zu gehen. «Ebenbild Gottes» garantiert Kindern die Freiheit, ein Original zu sein, keine Kopie, kein Abziehbild der Eltern. Gott bürgt für Freiheit. «Du sollst dir kein Bildnis machen von Gott, deinem Herrn, und nicht von den Menschen, die seine Geschöpfe sind» (Max Frisch).

Neue Möglichkeiten – neue Verantwortung. Die verfeinerten Methoden der vorgeburtlichen Früherkennung sind eine zweischneidige Sache. Auf der einen Seite erhöhen sie die Heilungschancen, auf der anderen Seite fördern sie die Tendenz, nicht nur nach den Schwächen eines Kindes zu fahnden, sondern nach den Schwachen und sie umzubringen. Da wird ausgewählt – früher sprach man von Selektion. Wer heute noch ein erbkrankes Kind zur Welt bringt, ist dann «selber schuld». Die Auswahl zwischen «wertvollen» und «unwerten» Kindern ist unter der Würde des Menschen. Nur Gott garantiert die Würde der Schwachen. Ahnen Sie, was das heißt: Gott als den Schöpfer erlernen?!

«Gott ist tot», ruft der «tolle Mensch» in Nietzsches «Fröhliche Wissenschaft». Was aber «ist», wenn Gott tot ist? Der Schrei «Wohin ist Gott?» findet bei Nietzsche ein Echo, das nachdenken lässt. Es lautet: «Wohin denn der Mensch?» Diese Frage stellt sich heute in aller Schärfe: Wohin geht der Mensch, wenn er sich von Gott verabschiedet hat? Geht er zum Teufel? Geht er vor die Hunde? Er wird heute immer mehr sein eigenes Experiment. Alles wird technisch produzierbar, am Ende auch der produzierende Mensch. Er produziert sich selbst. Wer dem widerstehen will, der kann das, wenn es zum Schwure kommt, nur im Namen Gottes. Ahnen Sie, was heute von Neuem zu erlernen ist?

12

Im Schweigen

Als tiefes Schweigen das All umfing und die Nacht bis zur Mitte gelangt war, da sprang dein allmächtiges Wort vom Himmel ...
(WEISH 18,14F)

Wer schon einmal nichts mehr zu sagen wusste, wem die Worte fehlten oder im Hals stecken blieben, der ahnt vielleicht, was es heißt, wenn in einer sprachlosen Situation sich ein Wort einstellt, nicht irgendein Wort, sondern ein Wort, das an der Zeit ist. Das ist wie eine Erlösung.

An Worten mangelt's heute nicht. Es wird viel geredet, nicht nur an der Theke und in Konferenzen: Medien, Internet, Handy ... Information ist alles. Sie ist so wichtig, dass wir unser Zeitalter danach benennen: Wir leben, heißt es, im Informationszeitalter! Die Wörter werden am laufenden Band produziert, kommen wie aus Wortfabriken. «Die immer stärkere Mache der Worte, die Häufung sinnlos und eilends zusammengeraffter Buchstaben, die die Worte ersetzen sollen, aber nur schlechte Informationszeichen sind, was weist sie anders aus als die Verachtung des Wortes?» (Heinrich Schlier).

Ist das in den Kirchen anders? Viele unter uns werden den Verdacht nicht los, bei der Flut der Wörter in den Gottesdiensten, bei der Inflation kirchlicher Verlautbarungen und Papiere um das Eigentliche betrogen zu werden: immer neue Instruktionen statt Inspirationen, wortreich, aber inhaltsarm. Ob wir mit alledem schließlich Gott tot reden? Wer Gott nur bespricht, verschweigt das Wichtigste. Für den Unsagbaren ist Schweigen das beredteste Zeugnis.

«Alles Unglück der Menschen liegt darin begründet, dass sie unfähig sind, in Ruhe in ihrem Zimmer zu bleiben» (Blaise Pascal), bei sich zu Hause zu sein, die Stille zu suchen, in der es möglich ist, sich ohne Verstellungen und Ablenkungen gegenüberzutreten. Um die Wahrheit des eigenen Lebens zu ergründen, müssen die fremden Stimmen verstummen. Schweigen heißt nicht nur, dass ich nichts sage, sondern dass ich die Fluchtmöglichkeiten aus der Hand gebe und mich aushalte, wie ich bin. Schweigend entdecken wir, wie es um uns steht. «Es fällt dem modernen Menschen schwer, allein zu sein; auf den Grund seines eigenen Ichs zu steigen, ist fast unmöglich für ihn. Sollte er aber doch einmal mit sich selbst im stillen Kämmerlein bleiben und gerade kurz vor der Erkenntnis Gottes stehen, dann macht er das Radio oder das Fernsehen an» (Ernesto Cardenal).

«ALS TIEFES SCHWEIGEN DAS ALL UMFING»

Es gibt Situationen, da bricht das pausenlose Gerede auf einmal ab: ‹Da fehlen mir die Worte›. ‹Nicht zu fassen, ich bin einfach sprachlos›. Solche Grenzerfahrungen sind kostbar. Schweigend lernen wir das Wort zu schätzen, kommen neu zu Wort.

Reden ist Silber, Schweigen ist Gold. Es kann auch umgekehrt sein: Das Wort, das aus dem Schweigen kommt, ist Gold wert. Schweigen und Wort sind kein Gegensatz, sie erschließen sich wechselseitig. Ohne Schweigen wird das Wort zum Geschwätz. Ohne Wort führt das Schweigen zum Verstummen. Das Schweigen ist der Mutterschoß des Wortes, es ist mit dem Wort eins (Max Picard). Das Wort findet dort am ehesten die Sprache, die an der Zeit ist, wo es aus dem Schweigen geboren wird. Als Abt Pambo um ein Logion für einen Bischof gebeten wurde, antwortete er: «Wenn er keinen Gewinn von meinem Schweigen hat, dann wird er auch von meiner Rede keinen Nutzen haben.» Wer nicht schweigen kann, sollte nicht von Gott reden.

Gott kommt im Schweigen zur Welt. Er lässt sich nicht mit lauten Fanfaren ankündigen, er verschafft sich nicht mit Ausrufern und Lautsprechern Gehör. Das Wort Gottes ergeht in der Stille. Es kommt ganz leise zur Welt, unscheinbar, als kleines Kind, nur wahrnehmbar für die, die nicht ihre Ohren und den Kopf voll haben mit Lärm und Unruhe. Die Hirten sind Menschen, die schweigen und in die Stille der Nacht hinaushören können. Sie sind die ersten, die wahrnehmen, wer dort die Erde betreten hat. «Man vermag dem Wort nicht besser als mit Schweigen und Hören zu dienen» (Johannes Tauler).

«Kam ein Wort, kam,
kam durch die Nacht,
wollt' leuchten, wollt' leuchten».
<small>(PAUL CELAN)</small>

Dem Dichter bleibt das Wort im Halse stecken nach den abgründigen Erfahrungen der Schoah, des Holocaust. Unheimlich ist dieser Weg des Wortes durch die Nacht. Sein zögerndes Kommen ist nicht nur inhaltlich, sondern auch formal zum Ausdruck gebracht, in den Wiederholungen, in dem nackten Verb, das sich stockend bewegt, als ob es sich unter den gegebenen Umständen eigentlich nicht dazu entschließen könnte, schwerfüßig.

Aber schließlich kommt es doch: «Kam ein Wort».

Das Wort kommt durch die Nacht, nicht ohne sie, nicht über sie hinweg, sondern durch die Nacht hindurch, in die Nacht eingetränkt, voll Nacht. Wenn in einer solchen Zeit, in der uns die Worte genommen sind, wenn in einer solchen Nacht ein Wort kommt, nicht irgendein Wort, sondern ein einleuchtendes Wort: «wollt' leuchten, wollt' leuchten ...» – welch eine Hoffnung!

Wer dieses Gedicht durchbuchstabiert, wird ahnen, was das kosten kann, etwas zu sagen, und zwar nicht irgendetwas, sondern ein Wort, das leuchtet, Licht bringt. Das ist eine Sprache, die hindurchgeht «durch ihre eigenen Antwortlosigkeiten, hindurchgeht durch furchtbares Verstummen, hindurchgeht durch die tausend Finsternisse todbringender Rede» (Paul Celan).

«NUR EIN WORT»

Sprich nur ein Wort, so wird meine Seele gesund ...»,
beten wir. Wir brauchen und können uns das entscheidende Wort nicht selber sagen. Es ist uns gesagt.
Gott hat es uns gesagt: «Im Anfang war das Wort ...»
Gott macht nicht viele Worte. Es ist wie am Schöpfungs-
morgen. Er spricht das Wort, das Leben schafft: Jesus.

«In ihm war das Leben,
und das Leben war das Licht der Menschen,
und das Licht leuchtet in der Finsternis ...»

Gott spricht sein Wort in der Nacht, er spricht es durch
die Nacht der Menschheit hindurch. «Das Licht leuchtet in der Finsternis.» Gott spricht sein Wort nicht über
unsere Köpfe hinweg, sondern von Mensch zu Mensch.
«Und das Wort ist Fleisch geworden ...» Gott steckt in
unserer Haut, in unserem Fleisch und Blut. Er ist nicht in
eine virtuelle Welt gekommen, nicht in eine Traumwelt,
sondern dorthin, wo wir sind.

Gott ist nicht zur Welt gekommen, damit wir uns darüber die Köpfe heiß reden – und unser Herz kalt bleibt.
Er will unser Herz erwärmen. So wie wenn jemand an
unsere Seite tritt und sagt: Du kannst auf mich zählen,
ich lasse dich nicht allein. ‹Du bist mein, ich bin dein.›
Das sagt Gott uns an Weihnachten, nur ein Wort: Jesus.
Damit ist alles gesagt.

13

Engel
von anderer Art

In jener Gegend lagerten Hirten auf freiem Feld und hielten Nachtwache bei ihrer Herde. Da trat der Engel des Herrn zu ihnen, und der Glanz des Herrn umstrahlte sie. Sie fürchteten sich sehr, der Engel aber sagte zu ihnen: Fürchtet euch nicht, denn ich verkünde euch eine große Freude, die dem ganzen Volk zuteil werden soll. Heute ist euch in der Stadt Davids der Retter geboren; er ist der Messias, der Herr. Und das soll euch als Zeichen dienen: Ihr werdet ein Kind finden, das, in Windeln gewickelt, in einer Krippe liegt. Und plötzlich war bei dem Engel ein großes himmlisches Heer, das Gott lobte und sprach: Verherrlicht ist Gott in der Höhe, und auf Erden ist Friede bei den Menschen seiner Gnade. (Lk 2,8-14)

Fast hatten wir schon gedacht: Die Engel sind weg; sie sind ja auch nicht so wichtig, Beiwerk, wir können auf sie verzichten – modern und aufgeklärt, wie wir sind. Auf einmal aber sind sie wieder da. Kaum zu glauben! Sind sie eine saisonbedingte Staffage zur Weihnachtszeit? Weit gefehlt. Sie füllen wie kaum ein anderes Thema Akademieabende und die Literatur. Offenbar sind sie nicht totzukriegen. Seltsam! Während Gott fern scheint oder nicht mehr bekannt wird, rückt er uns näher durch seine Botschafter, durch die Engel.

RÜCKKEHR DER ENGEL

Menschen, die das Christentum nicht mehr kennen oder kennen wollen, interessieren sich doch für diese schwebenden Wesen zwischen Himmel und Erde. Was weckt das Interesse? Sind es die Flügel, die über den Alltag hinaus tragen und Geborgenheit versprechen? Ist es der Wunsch, die gewusste und durchschaute Welt zu überschreiten und das Licht einer neuen Welt zu erblicken? Ist es die Sehnsucht nach einer ganz anderen Welt, die gütiger ist als unsere und uns aufatmen lässt? Wo alles geplant und gemacht ist, da wird die Welt eng, da sind wir schließlich eingesperrt im Spiegelsaal der Ich-AG. Die Wiederkehr der Engel gibt zu denken. Menschen spüren, dass es noch etwas ganz anderes gibt als das, was wir produzieren und konsumieren – ein Leben jenseits des Marktes.

Aber die Engel, die wir uns selbst zurecht machen, in Werbung und Konsum, bringen uns nicht weiter. Sie offenbaren nur, wie schnell wir uns mit uns selbst zufrieden geben und gefangen bleiben in unseren selbstgenügsamen Vorstellungen und Erwartungen. Sie sind langweilig und überraschungslos, bloß spiegelbildlich zu unseren Interessen und Bedürfnissen, geklont, mehr nicht. Soll das alles sein?

DER ENGEL DES HERRN

Nein, sagen die Engel der Weihnachtsgeschichte. Sie bewahren uns vor der Diesseitsfalle. Sie leiten uns an, den Pfeil der Hoffnung und Sehnsucht weiter fliegen zu lassen, als unser Auge reicht und unser oft eng begrenzter Horizont. Der Engel des Herrn, der unter die Hirten tritt, ist kein selbst gemachter Engel, er ist von anderer Art. Er ist Botschafter Gottes, seine Ausstrahlung. Da kann einem Hören und Sehen vergehen. Wir kennen das doch: Situationen, da kann man die Engel singen hören. Situationen an der Grenze! Das ist Weihnachten, eine Grenzerfahrung eigener Art, eine Botschaft, die nicht aus uns kommt, sondern zu uns, von jenseits unserer selbst. Wo Gott sich durch seinen Engel so direkt zu Wort meldet, da verschlägt's einem die Sprache. Menschen erschrecken und geraten außer sich.

Das erste Wort, das der Gottesbote den Hirten zu sagen hat: «Fürchtet euch nicht!» Nicht durch eigene Kraftanstrengung oder Selbstbeschwichtigung kommen die Hirten wieder zu sich. Nein, vom Engel des Herrn muss es ihnen gesagt werden: «Fürchtet euch nicht!» Es ist so, als ob Gott seinem Sohn einen angstfreien Raum schaffen will, in den hinein er geboren wird. Wo Gott handelt, da haben unerlöste Angst und Furcht kein Bleiberecht. «Fürchtet euch nicht!»

Und weiter: «Heute ist euch der Heiland geboren; er ist Christus, der Herr.» Das ist die Mitte der Engelbotschaft.

Das ist nicht menschliche Erfindung oder Menschenwerk. «Gott, durch die Botschaft des Engels haben wir die Menschwerdung Christi, deines Sohnes, erkannt.» Ganz Gott und ganz Mensch, in einer Person. «Dich wahren Gott ich finde in meinem Fleisch und Blut ...», singen wir. Da wird der übliche Lauf der Dinge unterbrochen. Da bricht eine andere Welt in unsere alltägliche Welt ein. Da beginnt eine neue Geschichte. Gott vereinigt sich mit dem Menschen, mit jedem Menschen.

DAS ÄLTESTE
WEIHNACHTSLIED

Grund genug, Gott die Ehre zu geben. Das tun die Engel. Das große himmlische Heer lobt Gott: «Ehre Gott in der Höhe.» Das Gotteslob – wir haben es als Buch in der Hand. Aber können wir die Sache selbst noch mit vollziehen? Weihnachten könnte uns einen Anstoß geben.

Haben Sie das schon mal bedacht: Es gibt kaum eine Zeit im ganzen Jahr, in der so viel gesungen wird wie jetzt. Der Chor singt und wir alle, nicht nur hier in der Kirche, sondern auch zu Hause und überall, wo Weihnachten gefeiert wird. Wir singen. Das ist wohl mit das Beste, was wir an Weihnachten tun können: Wir bleiben nicht länger unter uns. Wir preisen Gott – so sagt es die Weihnachtspräfation – «mit allen Chören der Engel und singen vereint mit ihnen das Lob deiner Herrlichkeit».

Kann man das erklären? Da sagt ein Mensch zum anderen: Du, ich liebe dich! Das ist nicht zu fassen. Wenn das geschieht, wird ein Fest gefeiert und wir singen. Das ist das Beste, was wir dann tun können, dass wir eigentlich gar nichts mehr tun, sondern einfach feiern und uns freuen, dass es das gibt, dass es das Geheimnis der Liebe gibt.

Und wenn Gott sagt: Du, Mensch, ich liebe dich!? Das ist – weiß Gott – nicht zu fassen. Das ist unbegreiflich. Davon kann man sich nur ergreifen lassen. Wo das geschieht, da feiern wir ein Fest und singen. Das Gotteslob kann nur gelingen, wenn wir nicht mehr nur nach Zweck und Nutzen fragen und was es uns bringt. Entscheidend ist, dass wir aus uns heraus gehen, außer uns geraten, dass wir von Gott hingerissen sind und uns darüber freuen, dass er da ist – einfach nur so!

Das erste Weihnachtslied haben die Engel gesungen. Engel loben, sie meckern nicht. Ob das chronische Jammern über die schlechten Zeiten der Grund ist, weshalb vielen das Loben abhanden gekommen ist? Es gibt eine negative Genüsslichkeit, die sich ergeht in Stöhnen über die Schattenseiten unserer Republik und der Kirche und sich dabei äußerst progressiv vorkommt. Ein Jammern auf hohem Niveau! Aus der Perspektive der Armen ist das der Luxus einer Wohlstandsgesellschaft und Wohlstandskirche; dem Einsatz um mehr Gerechtigkeit für alle ist damit wenig geholfen.

Die Wiederkehr der Engel sollte uns veranlassen, die Geister zu unterscheiden. Sind es nur hausgemachte und hausbackene Engel, mit denen wir schließlich allein bleiben unter uns? Oder ist es der Engel des Herrn, der uns zu Gott führt, zu seiner Menschwerdung? Die Botschaft braucht Boten, sie braucht Menschen wie uns. Gott braucht uns für seine unfassbaren Vorhaben. Er braucht unsere Hoffnung, unseren Glauben, unser Herz. Er braucht unseren Mut, dass wir unser Leben auf seine Verheißung setzen.

14

Ein Baum
ohne Wurzeln?

DER TANNENBAUM

Da steht er nun vor uns, der Christbaum, mit Lichtern übersät. Ohne ihn können wir uns Weihnachten kaum noch vorstellen. 28 Millionen Bäume werden zu Weihnachten aufgestellt. Für zwei Drittel der Deutschen gehören sie zum Fest. Der grünende Baum, Zeichen des Lebens, ist zu einer Art Symbol für Weihnachten geworden. Das war nicht immer so. Erst vor gut vierhundert Jahren taucht der Lichterbaum hier und da in den Weihnachtsspielen auf. Im letzten Jahrhundert hat er dann seinen Siegeszug angetreten, und von den Marktplätzen und Vorgärten her die Wohnungen und schließlich auch die Kirchen erobert.

So prächtig der Christbaum dasteht – wer hätte nicht seine helle Freude daran –, er kann uns zum Nachdenken bringen. Was tun wir da eigentlich? Wir schneiden einen Baum von seinen Wurzeln ab, stellen ihn für ein paar Wochen auf, schmücken ihn und halten ihn womöglich künstlich bei Wasser. Schließlich rieseln die Nadeln, er steht kahl da und landet auf dem Müll.

Mir kam der Gedanke: Ist das nicht für viele mit Weihnachten ähnlich so? Sie feiern das Fest, aber sie sind wie der Tannenbaum von den Wurzeln abgeschnitten. Darum ist der religiöse Anschein von kurzer Dauer, ohne Wurzeln nicht lebensfähig. Man kann ehrlicherweise nicht den Christbaum aufstellen, das Christfest feiern und vom Christkind sprechen und sich an Jesus Christus vorbeimogeln. Weil er geboren ist, darum feiern wir Weihnachten. Er ist die Wurzel. Wenn der Stamm davon abgeschnitten ist, geht er ein. Die Wurzeln bringen Nahrung in den Baum, mit dem Wasser das Leben. Was ist das für eine Lebenskraft, die in der Christgeburt steckt?

UNSERE WURZELN

Was hat Jesus gebracht? Die Antwort ist kurz und bündig: Er hat uns Gott gebracht. Religionen bemühen sich, den Menschen aus der Welt Zugänge zu Gott zu bahnen. Weihnachten steht dafür, dass Gott einen neuen Zugang zur Welt und zu den Menschen gebahnt hat. Er ist zur Welt gekommen. Gott hat für uns ein Gesicht bekommen, Hand und Fuß und mehr noch: ein menschliches Herz. Das schlägt in unserer Welt. Was immer in der Welt und in unserem Leben geschieht, es ist ihm nicht gleichgültig, es geht ihm zu Herzen.

Gott ist in der Menschwerdung bis zum Äußersten gegangen, bis in die letzte Hütte. Er wollte die Welt von ihrem schwächsten Punkt her retten, von den letzten Menschen her. Er ging bis zu den verlorenen Söhnen und Töchtern. Er hat den Erweis seiner Göttlichkeit nicht dadurch erbracht, dass er mit majestätischem Wink von oben herab alles regelte, sondern so, dass er auch dem Ärmsten noch Bruder wurde. Er ist nicht ein ferner Gott, der Welt und Menschen ihrem Schicksal überlässt, er ist an unserer Seite.

Was hat Jesus uns gebracht? Er hat uns Gott gebracht. Gott steckt in unserer Haut. Das ist der Angelpunkt der Menschenwürde. Ob Frau oder Mann, schwarz oder weiß, arm oder reich – Gott steckt in unserer Haut! Darum ist die Würde des Menschen unantastbar. Ist das nicht mehr klar, dann wird angetastet: Am Anfang des Lebens («Stammzellverwertung!»), am Ende («Sterbehilfe») und an vielen anderen Stationen des Lebensweges. Die Würde des Menschen hat nur einen Fels, der in der Brandung standhält: Gott steckt in unserer Haut! Ahnen Sie, was das heißt, dass wir mit unseren Wurzeln verbunden sind?

DAS KOSTBARSTE KAPITAL

Was hat Jesus uns gebracht? Er hat Zuversicht und Vertrauen in diese Welt gebracht. Weil in ihm Gott zur Welt gekommen ist, darum kann sie nicht zum Teufel gehen.

In der gegenwärtigen Krise unseres Finanz- und Wirtschaftssystems ist Vertrauen zu einem knappen Gut, zu einer gefragten Währung geworden. Vertrauen ist das kostbarste Kapital, das Fundament von allem. Jeder ist in seinem privaten, gesellschaftlichen und politischen Handeln darauf angewiesen. Das Zusammenleben der Menschen steht und fällt mit dem Vertrauen. Erst jetzt, da der Kredit verspielt ist, geht vielen auf, worauf sie sich all die Jahre verlassen haben. Über das Vertrauen wurde kaum gesprochen, es war einfach da. Es konnte vorausgesetzt werden im alltäglichen Handeln. Nun ist es verloren. Die dadurch entstandene Krise birgt auch eine Chance: Sie zeigt, wovon wir gelebt haben und leben.

Beim Vertrauen geht es nicht um eine fromme Anmutung neben den handfesten geschäftlichen Fakten, sondern um das Vorzeichen vor dem Ganzen, um die tragende Lebens- und Handlungsperspektive. Das Vertrauen hat man nicht im Griff, man kann es nicht abschließen wie ein Geschäft. Wie kommt man dazu? Psychologen sprechen vom Urvertrauen, ohne das kein Mensch gedeihen kann. Solches Urvertrauen wird in der Familie grundgelegt. Ob es letztlich trägt ohne Kontakt zu den Wurzeln unseres Daseins? Das Credo der Christen bekennt Gott als den Grund des Vertrauens. Er ist zur Welt gekommen in der Christgeburt. Er steht zur Welt. Das ist ein enormer Vertrauensvorschuss. Das kann Angst vor der Zukunft nehmen und Zuversicht und Vertrauen schenken. Credo und Kredit, beides hängt zusammen, wie die Sprache erkennen lässt. In beidem geht's um den Vorschuss an Vertrauen, der das Zusammenleben ermöglicht.

Kontakt zu den Wurzeln! Die ruhigen Tage jetzt könnten uns Zeit schenken, der Frage nachzugehen: Wo sind meine Wurzeln? Woraus lebe ich? Woraufhin lebe ich? Weihnachten – ein Baum ohne Wurzeln?

CHRISTLICHER
UNIVERSALISMUS

15

Er trägt das All

Viele Male und auf vielerlei Weise hat Gott einst zu den Vätern gesprochen durch die Propheten; in dieser Endzeit aber hat er zu uns gesprochen durch den Sohn, den er zum Erben des Alls eingesetzt und durch den er auch die Welt erschaffen hat; er ist der Abglanz seiner Herrlichkeit und das Abbild seines Wesens; er trägt das All durch sein machtvolles Wort, hat die Reinigung von den Sünden bewirkt und sich dann zur Rechten der Majestät in der Höhe gesetzt; er ist um so viel erhabener geworden als die Engel, wie der Name, den er geerbt hat, ihren Namen überragt. Denn zu welchem Engel hat er jemals gesagt: Mein Sohn bist du, heute habe ich dich gezeugt, und weiter: Ich will für ihn Vater sein, und er wird für mich Sohn sein? Wenn er aber den Erstgeborenen wieder in die Welt einführt, sagt er: Alle Engel Gottes sollen sich vor ihm niederwerfen. (HEBR 1,1-6)

GLOBALISIERUNG

Was kennzeichnet das zu Ende gehende zwanzigste Jahrhundert? Vielleicht fällt Ihnen ein Wort ein, ein Bild, das das Besondere auf den Punkt bringt. Ich meine, ganz typisch sei der Blick des Weltraumfahrers auf die Erde. Sie kennen das Bild: Unser blauer Planet mitten im schwarzen All. Zum ersten Mal in der Menschheitsgeschichte haben wir die ganze Erde vor Augen, nicht nur in unseren Träumen und Phantasien, sondern real. Ungeheuerlich: Der Blick von außerhalb auf den Globus.

Das hat unsere Perspektive von Grund auf verändert. «Globalisierung» sagen wir, nicht von ungefähr. Die Entfernungen zwischen den entlegensten Enden der Erde spielen kaum noch eine Rolle: globale Kommunikation, globale Wirtschaftsbeziehungen, globale Finanzmärkte. Die Schlagbäume fallen, einer nach dem anderen. Eine Welt! Nur durch den Markt? Nur durch die harte Währung? An einem Punkt stehen wir mit der Globalisierung noch ganz am Anfang. Ohne eine religiöse und moralische Globalisierung hat die «Eine Welt» keine Zukunft.

ES GEHT UMS GANZE

Eigenartig: Im selben Augenblick, in dem wir zur Weltgesellschaft aufbrechen, scheint sich unsere Religiosität zurückzuziehen. Sie ist – denken viele – etwas fürs Herz. Weihnachten: die Krippe, das Kind, die Heilige Familie, ganz innerlich, ganz persönlich. Ist das alles? Sicher, die Weihnachtsbotschaft rührt uns an bis in den innersten Winkel unserer Seele. Aber sie weitet zugleich unseren Horizont bis zum Äußersten, bis an die Grenzen der Erde und darüber hinaus. Zwar steht ein Familienschicksal in der Mitte – Maria und Josef mit dem Kind – aber wie im Brennpunkt für die ganze Menschheit, für das Drama ihrer Geschichte. Der da zur Welt kommt, lässt sich nicht in den Stall von Betlehem einsperren. Er hat mit dem Ganzen zu tun.

Das ist die Weihnachtsbotschaft des Hebräerbriefes. Zwei Wörter kehren darin immer wieder: Er (Christus) und das All. «Er trägt das All ...» (3), er trägt den Globus:

• Er, nicht etwas nur steht am Anfang des Ganzen. Die Mitte der Welt ist nicht blinde Energie, nicht gesichtsloses Schicksal, nicht namenlose Materie, nicht irgend etwas Überirdisches, sondern eine gelebte und bis in den Tod durchlittene Menschengeschichte. Sie ist Gottes Geschichte mit uns. Gott – in Person – mit Herz! Er hat für uns ein klares Profil: Jesus Christus.

• Er trägt das All. Christen geben eine Antwort nicht nur für einen Standort oder eine Familie oder gar nur für die eigene Seele. Es geht uns ums Ganze, es geht uns ums All. Den Himmel, den Kosmos überlassen wir nicht den Engeln und Spatzen, auch nicht den Ufologen und findigen Medienmachern, sondern Christus, den Gott «zum Erben des Alls eingesetzt– hat (2). Das ist Globalisierung – christlich! Sie ist uns nicht erst mit dem Blick der Weltraumfahrer aufgegangen, sie ist uns mit Jesus Christus in die Wiege gelegt.

• Er *trägt* das All. Seit Jahrhunderten schon wird Christus dargestellt mit dem Globus in der Hand – das Jesuskind mit der Weltkugel. Wir brauchen uns nicht als Atlas zu gebärden, das kann nur böse enden. Wenn wir die Welt selbst in die Hand nehmen wollen – wir würden uns maßlos überheben. Er trägt das All! Nehmen wir das als Herausforderung an, uns als Christen aktiv in die Entwicklung zur Weltgesellschaft einzumischen?

GOTTES VORGABE

Eine Globalisierung, die unter dem Diktat des technischen Fortschritts und des ökonomischen Nutzens steht, gerät in einen Teufelskreis: Wachsender Gewinn der einen geht in aller Regel auf Kosten anderer, und derzeit nicht zuletzt auf Kosten der Erde und ihrer Atmosphäre. Was not tut, ist eine ethische Globalisierung. Allerdings, wenn dabei der Wurzelgrund des Glaubens fehlt, dann bleiben wir nur allzu leicht im Moralismus hängen. Wir plakatieren die Zukunft mit immer neuen Appellen – und es bleibt doch alles beim Alten, weil der sogenannte Sachzwang und die Eigendynamik des Marktes viel stärker sind. Nicht die Forderungen und Appelle, nicht unsere moralischen Leistungen bringen das Heil. Wir leben von dem, was wir nicht machen können, von einer Vorgabe, die von ganz woanders herkommt.

Genau das sagt die Weihnachtsbotschaft des Hebräerbriefes: Ursprung und Ziel der ganzen Schöpfung sind tief eingewurzelt in Gottes Liebe, in Jesus Christus. Durch ihn ist alles erschaffen (2), er trägt das All. Wir brauchen beim globalen Bemühen um Menschenrechte und Menschenpflichten nicht bei Null anzufangen, nicht bei der kleinen eigenen Entscheidung. Wir dürfen immer schon antworten auf jene Vorgabe, die uns in Jesus Christus entgegenkommt. Er bringt das, was unser Herz ersehnt: Gerechtigkeit ohne bitteren Nachgeschmack; Freude, die niemanden ausschließt; Leben, das auch durch den leiblichen Tod nicht ausgelöscht werden kann. Er trägt das All. Weil die Welt von Christus getragen ist, geben wir die Sehnsucht nach einer besseren Welt nicht auf, unser Glaube bestärkt uns darin. Die Person Jesu Christi, sein Leben und seine Botschaft sind für uns der Maßstab, mit dem wir jeden Anspruch auf Weltverbesserung messen.

Die Abtei Maria-Wald in der Eifel hat einen Kapitelsaal mit einem spätgotischen Netzgewölbe. Der Schlussstein, der alles trägt, ist ein Herz. Im Laufe der Jahre hat einer der Mönche, wohl ohne zu wissen, was er tut, einen Haken in diesen Schlussstein gebohrt – vielleicht, um einen Adventskranz daran aufzuhängen. Das durchbohrte Herz, das alles trägt, mit dem Haken, an dem alles hängt. «Er trägt das All.»

16

Alle Enden der Erde schauen Gottes Heil

Wie willkommen sind auf den Bergen die Schritte des Freudenboten, der Frieden ankündigt, der eine frohe Botschaft bringt und Rettung verheißt, der zu Zion sagt: Dein Gott ist König. Horch, deine Wächter erheben die Stimme, sie beginnen alle zu jubeln. Denn sie sehen mit eigenen Augen, wie der Herr nach Zion zurückkehrt. Brecht in Jubel aus, jauchzt alle zusammen, ihr Trümmer Jerusalems! Denn der Herr tröstet sein Volk, er erlöst Jerusalem. Der Herr macht seinen heiligen Arm frei vor den Augen aller Völker. Alle Enden sehen das Heil unseres Gottes. (JES 52,7-10)

Sie fehlen zu Hause an kaum einem Christbaum – die leuchtenden bunten Kugeln. Ist das nur eine schöne Dekoration? Der grüne Baum erinnert an den Baum des Lebens. Die Lichter weisen auf Christus hin: Er ist das Licht der Welt. Und die Kugeln? Eine Kugel hat keinen Anfang und kein Ende, kein Oben und Unten, kein Links und Rechts. Sie ist Symbol für das Ganze – die Erdkugel. Weihnachten ist auf das Ganze ausgerichtet, auf die Eine Welt. «Alle Enden der Erde schauen Gottes Heil.» In diese Botschaft mündet die alttestamentliche Lesung.

EINER FÜR ALLE

Der Freudenbote, der die Rettung ankündigt, wendet sich zunächst an Israel: «Dein Gott ist König» (Jes 52,7). Er richtet das unterdrückte Volk wieder auf: «Der Herr tröstet sein Volk, er erlöst Jerusalem» (9). Aber er will nicht der Privatbesitz Israels sein. Er zeigt sich «vor den Augen aller Völker. Alle Enden der Erde schauen Gottes Heil» (10).

Israel hat seinen Glaubenshorizont weiten müssen – so wie ein Kind lernen muss: Es dreht sich nicht alles um mich; ich muss die Liebe der Eltern mit den Geschwistern teilen. Ähnlich hat das Gottesvolk lernen müssen, das Beste, was es für sich erwartet, mit den anderen zu teilen: «Alle Enden der Erde schauen Gottes Heil.»

Die Geburt Jesu betrifft nicht nur einige wenige, nicht nur ein bestimmtes Volk, eine Nation, sondern die ganze Menschheit. Der Evangelist Lukas führt den Stammbaum Jesu auf Adam zurück (Lk 3,38). Der steht am Anfang des Menschengeschlechtes: «Einer für alle!» Er ist Inbegriff aller Menschen. Warum konzentriert sich alles auf einen? Weil es um die Einheit aller geht. Augustinus bringt es auf den Punkt: «Es sollte dem Menschen durch die Art der Erschaffung um so eindringlicher die Einheit ans Herz gelegt werden und das Band der Eintracht, in dem die Menschen nicht nur durch die gleiche Natur, sondern auch durch verwandtschaftliche Zuneigung miteinander verbunden wären.»

Ein Adam – eine Menschheit! Die Nachkommen Adams und Evas sind Kain und Abel. Damit ist angedeutet, was das Menschengeschlecht jenseits von Eden belastet und niederdrückt: Lüge und Verrat, Verachtung des anderen, Gewalttat und Krieg. Was wäre, wenn wir Menschen uns selbst überlassen blieben? In diese belastete Menschheitsgeschichte hinein wird Jesus geboren. Er kommt als der neue Adam zur Welt, als der Retter und Heiland. «Einer für alle!» Ein Stammbaum von Adam zu Jesus! Es ist dasselbe Menschengeschlecht, nun aber durch Jesus von Grund auf erneuert und endgültig gesegnet. Er erinnert uns an den gemeinsamen Ursprung, er führt die Menschen geschwisterlich zusammen. Alle sind gleichgewürdigt und gleichberechtigt: Frauen und Männer, Schwarze und Weiße, Gesunde und Kranke. Nicht nur die Hirten kommen nach Betlehem, sondern auch die Weisen aus dem Orient, die Repräsentanten der Völker. Die Geburt Jesu ist nicht etwa nur ein nationales Ereignis, sondern ein universales. «Alle Enden der Erde schauen Gottes Heil.»

DER LIMES

Dieser Universalismus, der den christlichen Glauben von seiner Geburtsstunde an kennzeichnet, ist immer eine Provokation gewesen. Er trifft auf eine Welt, in der man sich möglichst gegeneinander abschottet. Schon bald nach Christi Geburt begannen die römischen

Kaiser damit, den Limes zu bauen, eine Art eisernen Vorhang. Die jenseits der Grenzen des Reiches nannte man Barbaren. Sie zählten eigentlich nicht als Menschen. Es ist bedrückend zu sehen, wie sich Stammesdenken, Nationalismus und Reichsideologien durch die Jahrhunderte hindurch ausgewirkt haben und mit der Aufklärung ganz und gar nicht erledigt sind. Oft genug haben Christen ihre eigene universale Tradition verraten.

Vor nicht langer Zeit hat ein Franzose ein Buch veröffentlicht: «Das Reich und die neuen Barbaren». Das Reich (sprich: der Norden) schützt sich durch eine Art Limes von Grenz- und Zollbestimmungen vor den Menschen im Süden. Dabei sind die Grenzen, die in unseren Köpfen entstehen, viel gefährlicher als die auf der Landkarte. ‹Sollen doch die Afrikaner ihre Probleme selber lösen, lange genug haben wir versucht, ihnen zu helfen. Was gehen uns die Auseinandersetzungen zwischen Türken und Kurden an, die ethnischen Konflikte in aller Welt? Sollen die Streithähne doch sehen, wie sie miteinander zurechtkommen!› Am Ende sagt man sich nicht ohne Resignation: ‹Wir sind ja ohnehin nicht allzu erfolgreich in der Verwirklichung der Gerechtigkeit für alle, also ziehen wir daraus eine pragmatische Konsequenz: Verzichten wir auf das Ideal des Universalismus und kümmern wir uns um uns selbst, um die eigene Familie, die nächste Nachbarschaft, den eigenen Standort. Menschenrechte – natürlich, das sind wir unserer Tradition schuldig.› Aber doch nicht nur uns, sondern allen!

DER GLOBUS KOMMT
AUF EINEN GRÜNEN ZWEIG

Ein Adam – eine Menschheit. Christus, der neue Adam, hat die Würde der Menschen gerettet. Er führt alle geschwisterlich zusammen. Dieser christliche Universalismus hat die Welt verändert. Er hat die Überwindung von Stammesdenken, Nationalismus und Reichsideologie grundsätzlich möglich gemacht. Wir sind noch lange nicht am Ziel, aber der Weg ist erschlossen, die Initiative ist da. Dass alle Menschen gleichgewürdigt und gleichberechtigt sind, das ist original Jesus. Das hat die Idee der Menschenrechte inspiriert, lange bevor sie in Gesetzen und Verfassungen ihren Ausdruck gefunden hat. Gerade in Sachen Menschenwürde und Menschenrechte darf es keine Grenzen geben. Seitdem Raumschiffe unseren Planeten umkreisen, haben wir die ganze Erdkugel vor Augen. Die Eine Welt setzt neue Maßstäbe, fordert Verantwortung für das Ganze. Oder sind wir inzwischen moralisch so provinziell und erschöpft, dass wir über Eigeninteressen und Bedürfnisbefriedigung nicht mehr hinauskommen? Reicht unsere Kraft nur mehr zu einer Art «kleiner Moral», in der alles unter dem Vorbehalt der Selbstverwirklichung steht und sich darum dreht, wie wir unsere eigene Haut in Sicherheit bringen? Wo wir nur noch unseren Standort im Auge haben und unseren Besitzstand wahren wollen, da verraten wir unsere universale Sendung und geraten in die Provinz. Da wird schließlich aus der Weihnachtsbotschaft eine kleinkarierte Idylle und ein allzu billiger Trost. Da verraten wir das, was wir singen: «Alle Enden der Erde schauen Gottes Heil!»

Der Globus ist ein beliebtes Symbol für Firmen und Gesellschaften, die weltweit arbeiten. Die Vereinten Nationen haben die Weltkugel buchstäblich auf ihre Fahne geschrieben. Jeder sieht, wie sehr sie in ihrem Bemühen um die Eine Welt zu kämpfen haben. Wir haben als Christen überhaupt keinen Grund, schadenfroh darüber die Hände zu reiben und abseits zu stehen. Wir haben allen Grund, uns entschieden dafür einzusetzen und mitzuwirken, dass wir werden, was wir vom Ursprung her sind: Eine Welt, eine Menschheit, in der jeder Mensch zu seinem Recht kommen soll und in seiner Würde geachtet wird.

Mancher wird denken, damit kommen wir nie auf einen grünen Zweig. Doch: Wir nehmen die Kugel – Symbol der Einen Welt – und binden sie an den Christbaum. Sie kommt auf einen grünen Zweig, so wahr Christus geboren ist. Das ist die Botschaft, die uns in die Pflicht nimmt: «Alle Enden der Erde schauen Gottes Heil.»

17

Das Licht
der Welt erblicken

Im Anfang war das Wort, und das Wort war bei Gott, und das
Wort war Gott. Im Anfang war es bei Gott. Alles ist durch das
Wort geworden, und ohne das Wort wurde nichts, was geworden
ist. In ihm war das Leben, und das Leben war das Licht der
Menschen. Und das Licht leuchtet in der Finsternis, und die
Finsternis hat es nicht erfasst.

Das wahre Licht, das jeden Menschen erleuchtet, kam in die
Welt. Er war in der Welt, und die Welt ist durch ihn geworden,
aber die Welt erkannte ihn nicht. Er kam in sein Eigentum, aber
die Seinen nahmen ihn nicht auf. Allen aber, die ihn aufnahmen,
gab er Macht, Kinder Gottes zu werden, allen die an seinen
Namen glauben, die nicht aus dem Blut, nicht aus dem Willen des
Fleisches, nicht aus dem Willen des Mannes, sondern aus Gott
geboren sind.

Und das Wort ist Fleisch geworden und hat unter uns gewohnt,
und wir haben seine Herrlichkeit gesehen, die Herrlichkeit des
einzigen Sohnes vom Vater, voll Gnade und Wahrheit.

(JOH 1,1-5.9-14)

ZWISCHEN LICHT UND DUNKELHEIT

Das Licht der Welt erblicken ...» Sie, ich, wir alle haben das Licht der Welt erblickt. Hintergründig, dieses Wort, es weist auf unsere Geburt hin, es deutet an, woher wir kommen: aus der dunklen Bauchhöhle, aus dem Mutterschoß. Höhle, Grotte, Nacht – die Bilder sind uns gerade in den Weihnachtstagen vertraut. Sie erzählen auch von unserer eigenen Geschichte. Der dunkle Schoß ist Urbild unserer Herkunft. Er sitzt uns in den Knochen, wenn wir das Licht der Welt erblicken.

«Es werde Licht», sagt Gott am Anfang der Welt (Gen 1,3). Sein erstes Wort! Licht ist Leben. Gott ist ein Freund des Lebens. Darum möchte er, dass wir das Licht der Welt erblicken und die Wahrheit ans Licht kommen lassen, aufklären und erhellen, wärmen und heilen. Aber die Dunkelheit haben wir nicht ein für allemal hinter uns, wenn wir das Licht der Welt erblicken. Die hat Gott sich und uns nicht erspart.

Überdenken wir das vergangene zwanzigste Jahrhundert. Zweifellos hat es enorme Schritte gebracht in der Entwicklung der Menschheit: Deklaration der Menschenrechte, Gleichberechtigung der Frauen, Fortschritt in Medizin und Technik – Lichtblicke. Aber die langen Schatten sind damit nicht aus der Welt geschafft. Ich habe 1932 das Licht der Welt erblickt. Im Jahr darauf (1933) kam Hitler an die Macht. 1939 brach der Zweite Weltkrieg aus. 1945 brachte nicht nur das Ende des Krieges; zum ersten Mal wurde damals über einer von Menschen bewohnten Stadt eine Atombombe gezündet. Sie hat mit ihrer grellen Stichflamme die Welt in eine noch nie da gewesene Dunkelheit gestürzt. Wir leben nach Hiroshima, nach Auschwitz, mit den Kriegen im Sudan und im Kongo. Weiß Gott, wir haben das Dunkel nicht hinter uns, von unseren persönlichen Finsternissen ganz zu schweigen.

LICHT AUS BETLEHEM

Wir haben das Licht der Welt erblickt – und ihre Dunkelheit – und feiern Weihnachten, das Fest der Geburt Jesu. Vor zweitausend Jahren hat er das Licht der Welt erblickt. Nicht das Licht einer erdachten oder erträumten Extrawelt, sondern der Welt mit Peking und Moskau, mit Caracas und Washington. In diese unsere Welt hat Gott den Namen Betlehem eingeschrieben. Er ist dorthin gekommen, wo wir sind, dorthin, wo Schafställe stehen und Futterkrippen, dorthin, wo Sünder und Sünderinnen sind, Aussätzige und verlorene Söhne, dorthin, wo man Gerechte verhöhnt und aufs Kreuz legt. Er steckt in unserer Haut. Und da ist nicht alles Licht, oft genug sieht es ganz finster aus. Er hat das Licht der Welt erblickt – und ihre Dunkelheit.

Merkt man das in der Art, wie wir Weihnachten feiern? Zweitausend Jahre danach haben wir längst unser eingefahrenes Ritual, haben wir uns unseren eigenen

Reim auf Weihnachten gemacht. Die Erlebnisgesellschaft inszeniert Weihnachten zum Kuschel-Event für Harmoniebedürftige. Sie blendet das Irdische aus und stellt schließlich den Inhalt des Festes auf den Kopf: Statt dass Gott Mensch wird, zur Welt kommt, werden Menschen mit allem möglichen Zauber in weltfremde Träumereien entführt. Statt dass Weihnachten unter die Haut geht, hebt es ab in den blauen Dunst. Was hat das mit dem Ursprung zu tun? Ist es aufrichtig, wahrhaftig? Holen wir nur ein bestimmtes Inventar aus der Schublade und packen es nach ein paar Tagen wieder weg? Ist Weihnachten schöne Kulisse, oder ist es Leben? Geht uns ein Licht auf?

Jesus hat das Licht der Welt erblickt – nicht von ungefähr. Er hat das Licht der Welt erblickt, damit wir ihn als das Licht der Welt erblicken. Das Wort wendet sich – an uns. «Das wahre Licht, das jeden Menschen erleuchtet, kam in die Welt» (9), sagt das Weihnachtsevangelium. «In ihm (Christus) war das Leben, und das Leben war das Licht der Menschen» (4). Licht aus Betlehem.

DA GEHT MIR EIN LICHT AUF

Ohne Licht sieht man nichts, aber das Licht kann man nicht sehen. Nur wenn es sich bricht, nehmen wir es wahr; besonders anschaulich beim Regenbogen: Das Sonnenlicht bricht sich in den Regentropfen. Wenn wir bemaltes Glas in die Hand nehmen, sieht es dreckig aus. «Stained glass», sagen die Engländer, schmutziges Glas. Wenn wir es gegen die Sonne halten, beginnt es zu strahlen. Bricht sich das Christuslicht in der Welt, in den Menschen, dann leuchtet es, dann kann man es auch heute wahrnehmen.

Viele fragen: Wo denn? Zweitausend Jahre Christentum, und die Welt ist nach wie vor belastet durch Korruption und Affären, zerrissen durch Hunger, Gewalttat und Krieg. Das Christentum selbst hat lange Schatten geworfen, bis heute. Viele sehen schwarz, wenn sie Kirche hören. Sie verlieren das Licht aus den Augen, die Lichtspur, die sich von Christus her durch die Jahrhunderte zieht. Das Christuslicht hat sich in Menschen gebrochen, vorab in den Heiligen. Es hat Geschichte gemacht – nicht nur Kirchengeschichte. An dieses Licht kann man sich halten, wie an Orientierungslichtern bei Nachtfahrten und Nachtwanderungen:

• Jeder Mensch ist Mensch, nicht der eine mehr, der andere weniger, nicht der eine wertvoll, der andere unwert. Jeder Mensch ist Mensch. Er hat nicht nur einen Wert, sondern eine unantastbare Würde. Das kommt von Jesus her. Das ist «Licht aus Betlehem».

• Die geschlagenen und gescheiterten Menschen, die Armen und Schwachen, die Opfer und Verlierer, die am Boden liegen – manche denken vielleicht: der letzte Dreck, kaputte Typen. Wenn man sie wie die Glasscherbe aufnimmt und gegen das Licht hält, beginnen sie zu leuchten – eine unzerstörbare Würde. Das kommt von Jesus her. Das ist «Licht aus Betlehem».

• Was ist unser Leben angesichts des Todes? Kein Mensch kommt um diese Frage herum. Wer bringt Licht ins Dunkel des Todes? Das kommt von Jesus her. «Licht aus Betlehem».

• Man kann dieser Lichtspur durch zwei Jahrtausende nachspüren. Und dann kann es geschehen – Sie kennen das: «Mensch, da geht mir ein Licht auf.» Eine kostbare Erfahrung, wie ein Geschenk des Himmels. Das kann man nicht machen, das verdanken wir nicht uns selbst. Es geht mir auf. Das Licht ist in mir, es leuchtet mir ein. Es gehört so zu mir, dieses Christuslicht aus Betlehem, sein Wort, sein Leben, sein Geist, dass ich mir das Leben ohne ihn nicht mehr vorstellen kann. Da geht mir Sein Licht auf, und ich strahle. Das ist Weihnachten, auch zweitausend Jahre danach, heute!

18

Friede
auf Erden

Das Volk, das im Dunkel lebt, sieht ein helles Licht; über denen, die im Land der Finsternis wohnen, strahlt ein Licht auf. Du erregst lauten Jubel und schenkst große Freude. Man freut sich in deiner Nähe, wie man sich freut bei der Ernte, wie man jubelt, wenn Beute verteilt wird. Denn wie am Tag von Midian zerbrichst du das drückende Joch, das Tragholz auf unserer Schulter und den Stock des Treibers. Jeder Stiefel, der dröhnend daherstampft, jeder Mantel, der mit Blut befleckt ist, wird verbrannt, wird ein Fraß des Feuers. Denn uns ist ein Kind geboren, ein Sohn ist uns geschenkt. Die Herrschaft liegt auf seiner Schulter; man nennt ihn: Wunderbarer Ratgeber, Starker Gott, Vater in Ewigkeit, Fürst des Friedens. Seine Herrschaft ist groß, und der Friede hat kein Ende. Auf dem Thron Davids herrscht er über sein Reich; er festigt und stützt es durch Recht und Gerechtigkeit, jetzt und für Zeiten. Der leidenschaftliche Eifer des Herrn der Heere wird das vollbringen. (JES 9,1-6)

HIN UND HER GERISSEN

Gesetzt den Fall, Sie haben noch keinen umgebracht, womit erklären Sie sich das?» Diese provozierende Frage aus dem zweiten Tagebuch von Max Frisch ist so verblüffend wie erhellend. Nichts ist verdächtiger als wenn jemand vorgibt, nur das Gute zu wollen. Für ihn sind die Bösewichter immer die anderen. Nein, die Gewalttätigkeit steckt als Versuchung in uns. Wir alle sind hineinverwickelt in dieses unselige Geflecht von Rivalität und Rache, von Machtlust und Gewalttätigkeit. Wir wollen immer mehr kriegen – und stecken damit schon mittendrin in den Kleinkriegen und Großkriegen.

Wir erleben gerade in diesen festlichen Tagen auch das andere. Es ist, wie wenn sich unser Leben für Augenblicke ändert und sich in aller Welt eine neue Bereitschaft regt, es noch einmal mit dem Frieden zu wagen. Wir spüren, dass die Liebe mehr Recht hat als der Hass. Wir ahnen, dass es einen «Mehrwert» des Lebens gibt, eine bessere Welt. Ist das nur ein Rausch, oder steckt mehr dahinter? In jedem von uns lebt von Kindheit an ein Wissen oder doch eine Ahnung vom wahren Leben, von Frieden und Heil.

Es ist paradox: Oft ist gerade an Weihnachten der Teufel los. Beides ist in uns, in der Welt. Im vorigen Jahr haben wir das Friedenslicht von Betlehem in den Gottesdienst geholt. In diesem Jahr sind in Betlehem die Lichter aus. Vor Jahren fanden Hunderttausende von Kriegsflüchtlingen bei uns Unterkunft. Heute wendet sich die rechte Gewalt gegen Ausländer. Beides steckt in uns. Wenn Chris-

ten Frieden sagen, dann meinen wir nicht «Friede – Freude
– Eierkuchen». «Der Christ liebt niemals christlich, wenn
er das Böse außer Acht lässt» (Madeleine Delbrêl).

Was tun? Wie ist die Gewalt zu bändigen? Nur durch Gegengewalt? «Wie du mir – so ich dir …» Das kennen wir, es
ist sicher nicht von der Hand zu weisen. Aber im Grunde ist
«Gleiches mit Gleichem» keine besonders intelligente Lö-
sung: «Auge und Auge» macht schließlich alle blind. Gott
geht einen anderen Weg, der Prophet kündigt ihn an.

HERRSCHAFT DES KINDES

Ein Kind ist uns geboren, ein Sohn ist uns geschenkt.
Die Herrschaft liegt auf seiner Schulter; man nennt
ihn: Wunderbarer Ratgeber, Starker Gott, Vater in Ewigkeit, Fürst des Friedens. Seine Herrschaft ist groß, und
der Friede hat kein Ende.» Ein Kind soll an die Regierung
kommen. Die Herrschaft ruht auf seinen Schultern, auf
den Schultern des Kindes. Vielleicht denken Sie: Jetzt
reicht's. Das Regieren ist doch keine Kinderei. Wen immer Jesaja als Königskind aus dem Stamm Davids im
Auge gehabt hat, an Weihnachten mündet diese alte
Hoffnung in einen neuen Namen: Jesus von Nazaret! Das
Kind in der Krippe – nichts von Familienidylle oder La-
gerfeuerromantik draußen auf freiem Feld. Die Krippe
erfüllt nicht die Luxusträume des Wohlstandes, nicht die
Ansprüche eines Popstars an ein Traumpaar im Schloss,
sie bietet hartes Stroh. Es geht um diese unsere Erde. Da

soll das Kind zur Herrschaft kommen und mit ihm der Friede. Vielleicht kennen Sie Bilder, die das Jesuskind darstellen mit der Weltkugel in der Hand. Oder Sie haben die Drei Könige aus dem Morgenland vor Augen, die am Ziel ihres Weges ihre Kronen abnehmen und sie vor dem Kind in der Krippe niederlegen. Ein Kind wird zum Zeichen. Weihnachten steht nicht im Zeichen des starken Mannes, der endlich kurzen Prozess macht, sondern im Zeichen eines wehrlosen Kindes, das wächst und heranreift. Und mit ihm kommt der Friede.

Eine neue Art von Herrschaft kommt in Bethlehem zur Welt. Gott regiert nicht mit eisernem Zepter von oben herab. Er ist ganz dicht an der Seite der Menschen, er lebt mitten unter uns, nur anders als wir. Er zerbricht den Stock des Treibers (3), indem er sich von Pilatus den Rohrstock in die gefesselten Hände stecken lässt. Den Soldatenmantel (4) vernichtet er, indem er ihn sich zum Spott umhängen lässt und mit seinem eigenen Blut tränkt. Das Joch zerbricht er (3), indem er das Kreuz auf seine Schultern nimmt. Man kann nicht vom Kind in Betlehem sprechen, ohne zu bedenken, welchen Weg Jesus gegangen ist.

FRIEDE VOR ORT

Gewalt ist keiner der Namen Gottes. Gottes Stärke ist sein Gewaltverzicht. Erlöst sind wir nicht durch die Macht der Mächtigen, sondern durch den, der als wehrloses Kind zur Welt kam: Jesus Christus ist unser Friede.

Gott Dank haben in unseren Tagen Wörter wie Gewaltprävention, Gewaltverhütung, Gewaltminderung in der Sicherheitspolitik einen ganz neuen Stellenwert bekommen. Nur so werden die uralten Teufelskreise von Gewalt und Gegengewalt, von Demütigung und Rache durchbrochen. Nur so werden nicht immer neu aus Opfern Täter und aus Tätern Opfer. Nur so ist das Ende einer gewalttätigen Auseinandersetzung nicht zugleich der Beginn, neue Gewalttaten zu planen. So bereiten wir schon jetzt jene Ordnung des Friedens vor, die zu ihrem Schutz keiner Androhung von Gewalt bedarf, weil sie auf wechselseitigem Vertrauen und auf Gerechtigkeit gründet.

Das erste Stück Welt, in dem der Friede Christi Gegenwart werden will, sind wir selbst in unseren Beziehungen. Dort wo wir in Kleinkriege und Stellvertreterkriege verwickelt sind, wo wir mit Schlagwörtern aufeinander einschlagen und uns und andere kaputt machen, dort steht der Friede auf dem Spiel. Welche Bilder prägen uns, welche Gedanken leiten unser Handeln? Ist es nicht verrückt, dass wir – frei Haus geliefert – immer mehr Gewalt anschauen, und dann knallt's am Ende. Das gilt nicht nur für Kinder und Jugendliche. Mit welchen Bildern lassen wir unsere Seele bestrahlen? Wenn die Ur-Bilder des Glaubens durch zerstörerische Bilder abgelöst werden – das hat Folgen. Wir werden uns wundern.

Die Wende zum Frieden in Gerechtigkeit, die wir im Weltmaßstab erbitten, beginnt vor der eigenen Tür, in unserem persönlichen Leben. «Und der Friede hat kein Ende» (6), verheißt der Prophet. Unsere Aufgabe ist es, damit vor Ort anzufangen.

19

Wie ein Sonnenaufgang

Im Anfang war das Wort, und das Wort war bei Gott, und das Wort war Gott. Im Anfang war es bei Gott. Alles ist durch das Wort geworden, und ohne das Wort wurde nichts, was geworden ist. In ihm war das Leben, und das Leben war das Licht der Menschen. Und das Licht leuchtet in der Finsternis, und die Finsternis hat es nicht erfasst.

Das wahre Licht, das jeden Menschen erleuchtet, kam in die Welt. Er war in der Welt, und die Welt ist durch ihn geworden, aber die Welt erkannte ihn nicht. Er kam in sein Eigentum, aber die Seinen nahmen ihn nicht auf. Allen aber, die ihn aufnahmen, gab er Macht, Kinder Gottes zu werden, allen, die an seinen Namen glauben, die nicht aus dem Blut, nicht aus dem Willen des Fleisches, nicht aus dem Willen des Mannes, sondern aus Gott geboren sind. Und das Wort ist Fleisch geworden und hat unter uns gewohnt, und wir haben seine Herrlichkeit gesehen, die Herrlichkeit des einzigen Sohnes vom Vater, voll Gnade und Wahrheit. (JOH 1,1-5.9-14)

IN DER FINSTERSTEN
NACHT

Diese Zeit ist die dunkelste des Jahres: die kürzesten Tage und die längsten Nächte. Die Sonne steht auf dem Tiefpunkt, auf der Kippe. Wird sie ins schwarze Loch fallen und von der Nacht verschluckt? Dann wäre der Ofen aus. Von alters her treibt Menschen die elementare Angst um, es könne ihnen das Licht ausgehen und die Wärme, das kosmische Gefüge käme ins Wanken.

Es wundert darum nicht, dass die Sonne vergöttlicht und kultisch verehrt wurde. Die Azteken meinten, ihre Leuchtkraft mit menschlichem Herzblut auffrischen zu müssen, damit sie blutrot wieder aufgeht. Im alten Rom wurde die Sonnenwende am 25. Dezember als Fest der «Geburt des unbesiegten Sonnengottes» gefeiert: Römische Kaiser wie Aurelian (274) ließen sich als Sonnengott feiern.

Kein Zufall, dass die Christen, als sie (bald nach 300) die Geburt Jesu Christi zu feiern begannen, das Fest in diese Jahreszeit gelegt haben. Gott kommt in der schwärzesten Nacht zur Welt. «Das Licht leuchtet in der Finsternis ...» (Joh 1,5). Im Stall von Betlehem geht die Sonne auf. Nicht Sonnenkaiser und Sonnenkönige, Christus ist die «Sonne der Gerechtigkeit». Welch eine Kühnheit und Glaubensstärke, den Himmelskörper aller Göttlichkeit zu entzaubern und ihn als Geschöpf zum Symbol der unbesiegbaren Ausstrahlung Christi zu wandeln. Das hat Geschichte gemacht.

DIE SONNE
DER GERECHTIGKEIT

Keine Frage: Diese Sonne hat ein neues Licht in die Welt gebracht, ein neues Klima geschaffen. Die Krippendarstellungen alter Meister geben zu denken: Der Stall in der Nacht wird nicht von außen durch (himmlische) Scheinwerfer angestrahlt, das Licht kommt von innen. Das Kind in der Krippe strahlt aus – wie eine Sonne. Da wird es hell und warm mitten in der Nacht, in den Nachtwanderungen unseres Lebens. Da wächst Zuversicht mitten in der Verzweiflung, Hoffnung im Schatten des Todes. Davon spricht der leidgeprüfte Dichter Paul Gerhardt:

«Ich lag in tiefster Todesnacht,
du warest meine Sonne,
die Sonne, die mir zugebracht,
Licht, Leben, Freud und Wonne ...»

Es ist nicht nur die einzelne Person, der durch Jesus ein Licht aufgeht. Die Lebensverhältnisse im Ganzen haben sich verändert. Die Armen sind ins Licht gerückt, und aus Fremden wurden Freunde. Kranke erhielten Pflege. Der Same wurde gelegt, dass Frau und Mann gleich gewürdigt und gleich berechtigt sind. Die ersten Christen waren es, die in Rom gegen Abtreibung, gegen die Aussetzung von Kindern und Kinderprostitution und für die Würde des Kindes Front machten. Die atemberaubende

Ausbreitung des Christentums in der antiken Welt liegt wesentlich in der Botschaft von der gottgeschenkten Menschenwürde und dem Menschenrecht einer jeden Person begründet. Selbst in einem armen Kind in der Krippe wird diese Würde offenbar. Und ein gekreuzigter Mensch, Opfer mitmenschlicher Gewalt, wird zum Inbegriff der Versöhnung für alle. Ja, «das wahre Licht, das jeden Menschen erleuchtet, kam in die Welt» (1,9).

Nicht nur die sozialen Verhältnisse änderten sich. Den Menschen würdigt, wer Gott die Ehre gibt. Beides gehört zusammen, so wahr Jesus Christus der Gottessohn und der Menschensohn ist. Wissen wir, was wir der «Sonne der Gerechtigkeit» verdanken? Sie hat der Welt gut getan. Welcher Glanz geht von ihr aus, welch eine Energie, welch ein anderes Klima. Was wäre die Welt ohne sie?

Keine Frage: Wo Licht ist, ist auch Schatten. Das Christentum hat Schatten geworfen. Aber man soll uns doch nicht weismachen wollen, es sei eine einzige Schattengeschichte. Das können nur Geschichtsblinde sich einreden lassen. Wir haben keinen Grund, uns zu verstecken. Wir dürfen uns nicht verstecken.

ERNEUERBARE ENERGIE

Sonne der Gerechtigkeit, gehe auf zu unserer Zeit...» Wie ist das «zu unserer Zeit»? Geht sie auf oder geht sie unter? «Er kam in sein Eigentum, aber die Seinen nahmen ihn nicht auf» (1,11). Wird die «Sonne der Gerechtigkeit» in unseren Breiten kippen? Wie wird die Welt dann aussehen? Werden wir zurückfallen in eine neuheidnische Vergleichgültigung des einzelnen Menschen und seiner Würde? Am Anfang und Ende des Lebens ist man bereits kräftig dabei. Wo alles gleich gültig ist, wird eben auch alles gleichgültig, egal; es verliert seinen Ernst, seine Verbindlichkeit. Jeder sieht, dass er irgendwie zurechtkommt und vor allem auf seine Kosten kommt. Alles dümpelt so dahin, lust- und leidenschaftslos. Der apathische Grundakkord in der Lebenseinstellung bringt schließlich «cool» als Zauberwort hervor. Cool ist das Gegenteil von warm, heiß, von Sonne. Da fehlt der heiße Atem der Leidenschaft. Wo ist die Kraft, über den eigenen Tellerrand hinauszuschauen? Wo ist das Ziel, für das sich zu leben lohnt und sogar zu sterben? Das Leben ist nicht so flach wie ein Geldschein.

Wie wird eine Gesellschaft aussehen, die sich immer üppiger als Weihnachtsmarkt präsentiert, aber das Weihnachtsevangelium vergessen hat? Dann geht die Sonne unter, dann ist der Ofen aus. Dann regiert der Markt, das Kapital – eiskalt, knallhart! Und der Sonntag bleibt auf der Strecke. Wo aber der Sonnentag mit seiner österlichen Energie untergeht, geraten auch die Werktage ins dunkle Grau in Grau.

Die Krise in unserer Gesellschaft und in der Welt ist eine Krise des Menschen. Wir haben vergessen, dass Gott zur Welt gekommen ist und in ihr Raum gewinnen will. Wer aufhört, Gott zu ehren, fängt schließlich an, ihn zu spielen. Das ist ein böses Spiel. Welcher Schaden entsteht dort, wo man faktisch ohne Gott auszukommen meint? Wo man die Kinder um Gott betrügt? Was ist, wenn Generationen heranwachsen, die das Gleichnis vom Barmherzigen Samariter oder das Liebesgebot nicht mehr kennen? Wir haben viel zu verlieren!

Wir sprechen derzeit viel von erneuerbarer Energie. Die liegt nicht nur im Wind oder in der Erde, sie steckt zuallererst in uns selbst. «Das wahre Licht, das jeden Menschen erleuchtet, kam in die Welt» (Joh 1,9). In jedem Menschen steckt diese erneuerbare Lebensenergie. Nichts Besseres unter der Sonne, als unter der Sonne zu sein, unter der «Sonne der Gerechtigkeit», Jesus Christus. Weihnachten ist sie uns aufgegangen. Das ist heute.

III.
DAS NEUE JAHR

20

Sein
ist die Zeit

Auf dem Regal in meinem Arbeitszimmer steht eine Sanduhr. Von Zeit zu Zeit stelle ich sie vor mir auf den Schreibtisch. Es ist heilsam, sie anzuschauen. Viele kennen sie als Signal aus der Computersprache. Am Computer vergisst man die Zeit. Er nimmt seine Benutzer so in Anspruch, dass sie nicht merken, was um sie herum geschieht und wie die Zeit vergeht. Wenn der Computer arbeitet und der Benutzer eine kleine Pause einlegen kann, erscheint eine Sanduhr auf dem Bildschirm. Sie kündigt eine Unterbrechung an, Zeit zum Innehalten.

VERRINNENDE ZEIT

Frühere Generationen haben mit der Sanduhr die Zeit gemessen. Heute haben wir Quarzuhren. Bis auf die Sekunde genau geben sie die Zeit an. Man muss sie nicht umdrehen wie eine Sanduhr oder aufziehen wie eine mechanische Uhr. Sie laufen nicht ab, sie laufen immer weiter – endlos. Nach modernem Empfinden ist die Zeit denn auch ein gleichbleibendes Kontinuum: Es geht immer so weiter. Eng damit verbunden ist die Vorstellung, dass es mit dem Fortschritt immer so weiter geht und mit dem Wachstum.

Aber wir machen doch auch ganz andere Erfahrungen: Ein Tag geht zu Ende, ein Jahr, ein Jahrtausend, ein Leben. Unsere Zeit ist befristet. Und nicht nur unsere persönliche Lebenszeit hat ein Ende, sondern die Zeit überhaupt. Das hatten die Menschen früher unmittelbar vor Augen, wenn sie auf die Sanduhr schauten – wie auf Bildern des Barock. Der Sand rinnt aus dem oberen Glas ins untere. Die Zeit verrinnt, wird weniger. Sie läuft ab. Sie geht nicht unendlich so weiter, sie ist endlich. Die Zeit ist wie ein begrenzter Vorrat an Jahren, der uns geschenkt ist.

GESCHENKTE ZEIT

Zeit ist Geld, sagen wir. Mehr nicht? Macht das Geld den Wert der Zeit aus? Zeit ist mehr Gabe als Geld, sie ist unbezahlbar. Sie fällt uns zu wie ein Geschenk des Himmels. Und es ist, wie wenn unser Platz jetzt an dem entscheidenden Punkt der Sanduhr ist, dort, wo sich das Glas verjüngt wie zu einem Nadelöhr, durch das die einzelnen Sandkörner hindurchgleiten: Jeder Augenblick ist wie ein Geschenk, das uns anvertraut ist. Ein Kairos, sagten die alten Griechen. Werden wir ihn wahrnehmen? Oder hat Pascal recht: «Niemals halten wir uns an die Gegenwart. Wir nehmen die Zukunft vorweg, als käme sie zu langsam … Torheit, in den Zeiten umherzuirren, die nicht unsere sind, und die einzige zu vergessen, die uns gehört.»

Was machen wir mit der uns geschenkten Zeit? Wir können sie versilbern: Zeit ist Geld. Wir können sie vertreiben oder vertun, wir können sie gar totschlagen. Aber wir können sie auch weiterschenken. Wir können anderen Zeit schenken: die Eltern den Kindern und die Kinder den Eltern, einer dem anderen. Die Zeit kann zum kostbarsten Geschenk werden, das wir füreinander haben. Denn mit der Zeit geben wir nicht nur etwas, sondern uns selbst. Haben wir Zeit dafür?

UNUMKEHRBAR

Zum Jahrtausendwechsel wurde auf dem Frankfurter Römer eine fünf Meter große Sanduhr aufgestellt. Das letzte Sandkorn fiel genau zum neuen Millennium. Die besondere Anordnung der zwei Glaszylinder verdeutlichte nicht nur die Einmaligkeit des Jahrtausendwechsels, sondern auch die Einmaligkeit der Zeit. Die Frankfurter Sanduhr ließ sich nicht drehen. Anders als sonst war eine Wiederholung ausgeschlossen.

Viele rechnen heute mit einer Wiedergeburt, nicht nur im Tod, sondern bereits im Leben. Sie tun so, als sei alles wiederholbar: Die Jugend soll neu beginnen durch Kosmetik und Fun-Kultur, das Scheitern der Beziehungen scheint revidierbar, man geht eben ein neues Verhältnis ein. Keine Entscheidung ist endgültig, solange Quittungen den ständigen Umtausch ermöglichen. Da macht diese Sanduhr mitten in Frankfurt einen Strich durch die Rechnung. Sie spitzt unser Zeitverständnis auf das Äußerste zu: Die Zeit ist vergänglich. Der Traum permanenter Wiederholbarkeit ist nah am Machbarkeitswahn. Ein süßer Traum, der bei genauer Betrachtung zwischen unseren Fingern zerrinnt – wie der Sand. Man kann nicht auf Probe leben.

SCHLECHTE ZEITEN?

Wer spricht das Urteil über unsere Zeit? Entscheidet die Konjunktur darüber, ob wir gute oder schlechte Jahre erleben? Wir haben die Kaufkraft stark entwickelt. Am Ende denken wir, alles sei zu kaufen, und das Käufliche sei alles. Das ist ein großer Irrtum. Da kann es einem wie Schuppen von den Augen fallen: Je mehr wir haben, desto ärmer sind wir geworden.

Wir sind arm an Gütern, die nicht zu kaufen sind. Zeit ist knapp. Wer hat schon Zeit, Zeit für andere? Treue und verlässliche Beziehungen sind knapp, Beziehungen, die über den Tag hinaus gelten, die ein Leben lang tragen; die werden immer seltener. Sinn ist knapp. Was soll das Leben? Was hat das Ganze für einen Sinn? Früher wussten die Menschen eine Antwort darauf, die sie trug. Heute sind viele, gerade junge Menschen, in dieser Sache ratlos. Sie haben gelernt, wie man zu Geld kommt, nicht aber, wie man zu Sinn kommt. Geld zählt mehr als Glaube. Der scheint beliebig, in jedem Fall Privatsache.

Schlechte Zeiten für den Glauben? Nicht unbedingt! Eine Krise kann die Stunde der Wahrheit sein: Es kann nicht einfach so weitergehen wie bisher. Die Krise stellt uns. Manchmal erfahren wir erst dann, wovon wir leben. Das kann befreiend sein, endlich zu sehen, was zu tun und was zu lassen ist.

UNSERE TAGE ZU ZÄHLEN, LEHRE UNS!

Heute ist der erste Tag vom Rest deines Lebens ...» Als ich dieses Wort las, habe ich innegehalten. Es ist mir nachgegangen. Jeder wird es anders aufnehmen. Die Jüngeren werden denken: Rest des Lebens? Für mich ist das Leben nicht nur ein Rest, ich habe es noch vor mir. Gott Dank! Aber wie immer wir es wenden, die Sanduhr läuft, auch für die Jüngeren unter uns. Niemand von uns weiß, wie lang sein Lebensvorrat bemessen ist. Soviel ist sicher: Heute ist ein erster Tag. Heute ist die Chance eines neuen Anfangs. Der erste Tag vom Rest!

«Kein anderer Gedanke als der, dem Tag etwas Gold auszuwaschen, ein einziges Korn bloß» (Erhart Kästner). Wie die Goldwäscher in Kalifornien am Fluss das Gold auswuschen, so können wir aus dem fließenden Sand etwas Gold gewinnen, auch wenn es nur ein einziges Korn ist, das Goldkorn geschenkter Zeit.

Die Tage zu zählen, das ist nicht selbstverständlich. Es will gelernt sein. Oft sagen wir: «Unsere Tage sind gezählt.» Es ist ein Zeichen von Weisheit, wenn wir sie selber zählen können, ein Zeichen innerer Freiheit, die Tage wie Goldkörner anzuschauen und dankbar zu empfangen in der gegebenen Frist.

IN DEINE HÄNDE, HERR

Wo bleibt die Zeit?», fragen wir oft. Die Sanduhr kann uns in dieser Frage zum Zeichen werden. Der Sand, der aus der oberen Schale nach unten rinnt, läuft nicht ins Leere. Die Zeit läuft nicht weg. Sie wird aufgefangen, gesammelt. Ich kann in dem unteren Glas der Sanduhr Gottes Hände erkennen. Sie fangen meine Zeit auf, dass sie nicht im Sande verläuft. Meine Zeit in Gottes Händen!

«Der du die Zeit in Händen hast,
Herr, nimm auch dieses Jahres Last
und wandle sie in Segen.
Nun von dir selbst in Jesus Christ
die Mitte fest gewiesen ist,
führ uns dem Ziel entgegen!»
(JOCHEN KLEPPER)

In der Komplet, dem Abendgebet der Kirche, wird mehrmals dieses Wort gesprochen: «Herr, auf dich vertraue ich, in deine Hände lege ich mein Leben.» Das Wort ist mir mit den Jahren immer wichtiger geworden. Ich sehe meine Hände – was sie tragen können und was nicht, was sie ausrichten und was sie anrichten. Je mehr ich das spüre, desto mehr hilft es mir, wenn ich am Abend des Tages sagen kann: «Herr, auf dich vertraue ich, in deine Hände lege ich mein Leben.» Das ist wie eine Einübung ins Loslassen, ins Schlafen. Und der Schlaf ist eine Einübung ins Sterben. Ich wünsche mir, dass ich das am Ende meines Lebens sagen kann: «Herr, auf dich vertraue ich, in deine Hände lege ich mein Leben.»

21

Ein gesegnetes
neues Jahr

*Der Herr sprach zu Mose: Sag zu Aaron und seinen Söhnen: so
sollt ihr die Israeliten segnen; sprecht zu ihnen: Der Herr segne
dich und behüte dich. Der Herr lasse sein Angesicht über dich
leuchten und sei dir gnädig. Der Herr wende sein Angesicht dir
zu und schenke dir Heil. So sollen sie meinen Namen auf die
Israeliten legen, und ich werde sie segnen.* (NUM 6,22-27)

Was wünschen wir uns zu Beginn des neuen Jahres?
«Gesundheit», sagen die meisten. Ist das alles?
Mancher wagt den alten Wunsch: «Ein gesegnetes neues
Jahr.» So entspricht es der ersten Lesung des Neujahrsta-
ges. «Der Herr segne dich und behüte dich ...» Was heißt
das, wenn wir Gottes Segen erbitten?

GOTTES ANGESICHT –
ÜBER UNS

Segen ist nicht irgendein religiöser Brauch. Er ist die Grundgeste des jüdisch-christlichen Glaubens. – Zu einem Rabbi kommt ein Schüler und fragt ihn, was Glauben sei; der Rabbi führt ihn zum Fenster und fragt: «Was siehst du da?» Der Schüler antwortet: «Menschen, Häuser, Bäume ...» – Der Rabbi führt ihn zu einem Spiegel und fragt ihn: «Was siehst du jetzt?» Der Schüler antwortet: «Jetzt sehe ich mich selbst.» – «Siehst du», sagt der Rabbi, «wenn du dein Leben lässt, wie es ist, so siehst du hindurch auf die ganze Welt bis zu ihrem Schöpfer; ist dir aber das Glas nicht genug und legst du nur ein bisschen Silber auf, so siehst du nur noch dich.»

Glauben heißt, darauf vertrauen, dass der Ursprung des Daseins schöpferische Liebe ist, Gott in Person. «Er lasse sein Angesicht über dich leuchten ...» Dieser alte Segenswunsch nimmt die elementare Erfahrung des Kindes auf, über dem das Angesicht des Vaters und der Mutter «leuchten»; sie stehen abends am Bett ihres Kindes und wünschen ihm eine gute Nacht und alles Glück des Lebens. Und zugleich deuten sie an: Wir können dich nicht überall hin begleiten. Wir lassen dich jetzt allein. Aber auch wenn das Licht ausgeht, musst du keine Angst haben. Gott behütet dich. Er ist bei dir, er segnet dich. Er lässt sein Angesicht über dich leuchten. Sein Gesicht bekommt der Mensch nicht, indem er in den Spiegel schaut, sich selbst reflektiert oder sich selbst bespiegelt, sondern indem er sich von Gott anschauen lässt und dadurch Ansehen bekommt, Würde.

«Der Herr segne dich und behüte dich ...» Bei diesem Wunsch breiten wir die Hände aus, wie wenn Gott seine Hand über uns hält. Das ist Segen. – Was wünschen wir uns? Eine «glückliche Hand»? Oder verlassen wir uns gar in Politik und Wirtschaft auf die «unsichtbare Hand», frei nach Adam Smith? – Jeder weiß, was das heißt, wenn jemand seine Hand über uns hält. Kinder wissen das am allerbesten. Wenn der Vater oder die Mutter die Hand drüberhalten, dann kann ihnen so leicht nichts passieren. Das ist, wie wenn man unter Flügeln geborgen ist, wie ein Dach überm Kopf und über der Seele. Da weiß man, wo man hingehört. Gott hält seine Hand über uns. Dietrich Bonhoeffer dichtete Silvester 1944 im Gefängnis:

«Von guten Mächten wunderbar geborgen,
erwarten wir getrost, was kommen mag.
Gott ist mit uns am Abend und am Morgen,
und ganz gewiss an jedem neuen Tag.»

GELASSENHEIT

Der Segen nennt Gott ausdrücklich beim Namen. Er redet nicht drum herum. „Gott segne dich." Sein heiliger Name ist über uns angerufen. Wer Gott nennt, braucht nicht selber Gott sein zu wollen. Er muss nicht den Autor der Welt spielen, in der Pose des großen Machers. Er muss nicht den Globus schultern, womit selbst Herkules Probleme bekam. Der Gotteskomplex löst sich. Der Mensch darf Mensch bleiben und sich von Gott segnen lassen.

Manchmal sagen wir: «Das Leben ist hart, du musst es dir teuer erkaufen. Es wird dir nichts geschenkt.» Stimmt das? Sicher, das Leben ist auch unsere Tat, es ist Werk, Lebenswerk. Es ist Planung, Arbeit, Leistung. Aber das ist nicht alles. Wir sind schon, längst bevor wir etwas leisten, und wir sind auch dann noch, wenn wir nichts mehr leisten können.

Unser Leben ist mehr Gabe als Werk, mehr Geschenk als Tat. Es ist allemal mehr, als wir von ihm wissen und zu ihm beitragen können. Es geht nicht auf in unseren Plänen und Vorstellungen. Niemand verfügt darüber, ob sein Leben gelingt und was ihm zugemutet wird. Das Entscheidende können wir nicht machen, wir dürfen es empfangen, wie ein Geschenk. Das ist ein wahrer Segen.

Segen heißt: Empfangen, was ich nicht erarbeitet habe. Ich muss mich nicht mit mir und meiner Leistung begnügen. Ich darf mehr erhoffen. Das schenkt Gelassenheit. Das nimmt mir den Druck und Krampf, mich selbst durch meine Leistung rechtfertigen zu müssen. Ich bin nicht gnadenlos zum Erfolg verurteilt. Ich kann aufatmen. Das lockert, löst, weitet.

ZUM SEGEN WERDEN

Der Segen schlägt die Brücke des Glaubens zum Alltag. Er bleibt der Erde treu. Er wirkt draußen, wo es ums leibhaftige Leben geht, wo wir gefordert sind in unseren Aufgaben und Verantwortungen. Die sind nicht durch einen «frommen Wunsch» zu erledigen. Aber wir können sie so oder so angehen. Es ist ein Riesenunterschied, ob ich durch die Dinge und Geschehnisse des Lebens das Angesicht Gottes sehe, oder ob ich mich selbst bespiegle: «Legst du nur ein bisschen Silber auf, so siehst du nur noch dich.»

Wer sich segnen lässt, der muss sich nicht selber segnen. Das ist eine fatale Sache, wenn man sich selbst zuerst segnet. Jeder weiß, wie schnell wir dahin kommen können, nicht nur in der Politik und bei den Managern. Wer sich gesegnet weiß, der muss sich nicht selber segnen. Als Gesegneter kann er für andere zum Segen werden: «Mensch, du bist ein wahrer Segen!» Jeder von uns kann das für andere sein und für die Welt.

22

Nimm dir Zeit und nicht das Leben

TEMPO, TEMPO

Nimm dir Zeit und nicht das Leben ...» Sie kennen das Wort, die Verkehrswacht hat es vor Jahren tausendfach an den Autobahnen plakatiert. Ein gutes Wort, wie ich meine. Schnelligkeit kann lebensgefährlich sein und lebensfeindlich, nicht nur auf den Schnellstraßen und in den Schnellzügen, sondern überhaupt. Schließlich rasen wir mit Hochgeschwindigkeit am Leben vorbei.

Es klingt verrückt: Goethe beklagt auf einer Italienreise, die Postkutsche fahre zu schnell, er könne die Landschaft nicht mehr in sich aufnehmen. Was sehen wir noch von einem Intercity aus? Wir können nicht einmal mehr die Stationsschilder der Bahnhöfe lesen, durch die der Zug rast. Immer mehr Menschen kommen immer schneller irgendwo an, wo sie immer kürzer bleiben.

Zeit ist Geld, heißt es. Wenn das gilt, verspricht Beschleunigung Profit. In unserem Wirtschaftssystem soll in immer weniger Zeit von immer weniger Leuten eine immer höhere Produktivität erreicht werden. Viele fallen dabei heraus oder kommen gar nicht erst hinein in den Arbeitsprozess. Medizinische oder pflegerische Hilfe dürfen ein bestimmtes Zeitmaß nicht überschreiten. Hektik und Stress sind die Folge. Die menschliche Zuwendung bleibt auf der Strecke. Immer mehr Menschen haben trotz Arbeitszeitverkürzung immer weniger Zeit für das, was sie eigentlich wollen. «Nimm dir Zeit und nicht das Leben …»

DIE ZEIT HAT UNS

Als ich zur Erstkommunion kam (vor fast siebzig Jahren), bekam ich die erste Uhr. Ich war stolz: Ich habe eine Uhr! Jahre später merkte ich mit Schrecken: Die Uhr hat mich! Keine Zeit, keine Zeit … Die Sache ist auf den Kopf gestellt. Nicht: Ich habe Zeit, die Zeit hat mich. (Beim Geld kann es ähnlich gehen. Dann heißt es auf einmal nicht mehr: Ich habe Geld, sondern das Geld hat mich. Ich besitze es nicht, sondern bin besessen!) Im Urlaub sagte mein Freund: Jetzt lassen wir die Uhr mal zu Hause. Das geht! «Dem Glücklichen schlägt keine Stunde …» Uns schlagen in der Regel die Minuten, die Sekunden.

Als ich 1959 meinen Dienst als Kaplan antrat, hatte ich noch keinen Terminkalender. Der kam erst etliche Jahre später. Wer kommt heute schon noch ohne Terminkalender aus? Monate, Jahre im voraus stellen wir uns die Zeit mit Terminen zu, verkaufen unsere Zukunft. Die Bedeutung eines Menschen wächst in dem Maß, wie er «ausgebucht» ist. Wir gewöhnen uns an, Termine wahrzunehmen, und außer den Terminen nehmen wir schließlich nichts mehr wahr: nicht die traurigen Augen eines Mitarbeiters oder einer Mitarbeiterin, das Zögern in der Stimme, das uns sagen könnte, dass das Wichtigste noch gar nicht ausgesprochen ist. Wir sind immer auf dem Sprung zum nächsten Termin: zack zack, dalli dalli. Die Zeit läuft weg, sagen wir. Läuft die Zeit weg? Oder laufen wir der Zeit weg, dem Augenblick, der uns jetzt zu leben geschenkt ist?

ZEIT HABEN

Hat das was mit dem Glauben zu tun? Und ob! Wenn das Leben vor dem Tod alles ist, dann richtet sich aller Hunger, alle Lebensgier auf dieses kurzes Stück Leben. Ja nichts verpassen, alles jetzt. Tempo, Tempo! Die Zeit tickt. Wenn das Leben zur «letzten Gelegenheit» wird (Marianne Gronemeyer), dann muss man seine unendlichen Wünsche in die kurze Lebenszeit hineinpressen. Wer jetzt nicht alles haben muss, weil ihm das Beste immer noch bevorsteht, der verliert die Angst, zu kurz zu kommen. Er hat Zeit, sich anderen zuzuwenden, besonders denen, die keinen Menschen haben.

Gott hat Zeit. Er hat sich Zeit gelassen, er hat sich in die Zeit eingelassen. In Jesus Christus ist er unser Zeit-Genosse geworden. Mit ihm ist die Zeit erfüllt. Sie hat ihre Mitte gefunden. Daran können wir uns halten, auch in unserer Zeit, die seine Zeit ist. Es gibt ein Wort des

Propheten Jesaja, das Martin Buber so übersetzt: «Wer glaubt, beschleunigt nicht» (Jes 28,16). Er kann sich und anderen Zeit lassen, wie Gott uns Zeit lässt. Er ist von dem Druck befreit, selber den Himmel auf Erden schaffen zu müssen. Er weiß, dass Gott in seinem Lebensvorrat noch mehr zu bieten hat als die kurze Spanne Lebenszeit. Darum muss er nicht in Hektik geraten, ja nichts zu verpassen. Darum muss er nicht die Flucht nach vorn antreten. Er kann sich gelassen der Gegenwart zuwenden.

Die entscheidenden Dinge in unserem Leben brauchen Zeit. Vertrauen gewinnt man nicht im Vorübergehen. Freundschaft und Liebe brauchen Zeit. Trauer lässt sich nicht im Zeitraffer oder nach Terminplan regeln. Miteinander Mahl halten braucht Zeit. Das ist etwas ganz anderes als «Fastfood», als sich in einem Schnellimbiss zu sättigen.

Zu einem Einsiedler kommt ein junger Mann und fragt ihn: «Welchen Sinn hat die Stille?» Der Einsiedler schöpft gerade Wasser aus dem Brunnen. «Schau in den Brunnen», sagt er, «was siehst du?» Der junge Mann blickt in den Brunnen: «Ich sehe nichts.» Nach einer Weile fordert der Einsiedler ihn wieder auf: «Schau in den Brunnen, was siehst du?» Der junge Mann blickt hinunter und sagt: «Jetzt sehe ich mich selbst.» – «Siehst du», spricht der Einsiedler, «als ich Wasser schöpfte, war es unruhig, und du sahst nichts. Jetzt ist das Wasser still, und du siehst dich selbst. Das ist der Sinn der Stille.»

23

Wir haben seinen Stern gesehen

Als Jesus zur Zeit des Königs Herodes in Betlehem in Judäa geboren worden war, kamen Sterndeuter aus dem Osten nach Jerusalem und fragten: Wo ist der neugeborene König der Juden? Wir haben seinen Stern aufgehen sehen und sind gekommen, um ihm zu huldigen. Als König Herodes das hörte, erschrak er und mit ihm ganz Jerusalem. Er ließ alle Hohenpriester und Schriftgelehrten des Volkes zusammenkommen und erkundigte sich bei ihnen, wo der Messias geboren werden solle. Sie antworteten ihm: In Betlehem in Judäa; denn so steht es bei dem Propheten:

Du Betlehem im Gebiet von Juda, bist keineswegs die unbedeutendste unter den führenden Städten von Juda; denn aus dir wird ein Fürst hervorgehen, der Hirt meines Volkes Israel. Danach rief Herodes die Sterndeuter heimlich zu sich und ließ sich von ihnen genau sagen, wann der Stern erschienen war. Dann schickte er sie nach Betlehem und sagte: Geht und forscht sorgfältig nach, wo das Kind ist; und wenn ihr es gefunden habt, berichtet mir, damit auch ich hingehe und ihm huldige. Nach diesen Worten des Königs machten sie sich auf den Weg. Und der Stern, den sie hatten aufgehen sehen, zog vor ihnen her bis zu dem Ort, wo das Kind war; dort blieb er stehen. Als sie den Stern sahen, wurden sie von sehr großer Freude erfüllt. Sie gingen

in das Haus und sahen das Kind und Maria, seine Mutter; da fielen sie nieder und huldigten ihm. Dann holten sie ihre Schätze hervor und brachten ihm Gold, Weihrauch und Myrrhe als Gaben dar. Weil ihnen aber im Traum geboten wurde, nicht zu Herodes zurückzukehren, zogen sie auf einem anderen Weg heim in ihr Land. (Mt 2,1-12)

LANG IST'S HER

Sie hatten seinen Stern gesehen, die drei. Doch das war lange her. Sie hatten seinen Stern gesehen ... Der hatte sie vom Stuhl gerissen und aus den Matratzen. Aufbruch im Morgengrauen des Lebens. Sie hatten sich auf den Weg gemacht. Doch den hatten sie sich ganz anders vorgestellt: gradliniger, einfacher, klarer und zielstrebiger, nicht über Autun oder Limburg, sondern direkte Luftlinie nach Betlehem. Und nun liegen sie da am Boden und schlafen, alle unter einer Decke, damit sie nicht frieren – ohne Heizung.

Man kann ja auch wirklich müde werden und verzweifeln. Ständig kam etwas dazwischen: päpstliche Instruktionen, Verordnungen im Amtsblatt, Skandal unter den Getreuen ... Von den immer gleichen Problemen gar nicht zu reden: Die Leute sind stur, kapieren's nicht, wollen ewig alles beim Alten lassen ... Und dann ging auch noch das Geld aus.

Sie hatten einen Stern gesehen. Doch das war lange her. Und der eine war müde geworden, und der andere war frustriert, und der dritte war einfach sauer und wütend zugleich. Und alle drei hatten sie Blasen an den Füßen und waren lahm geworden. Die Jüngsten waren sie ja schließlich auch nicht mehr. Sie gingen weiter, weil sie halt mal gegangen waren, der Macht der Gewohnheit folgend, nicht dem eigenen Triebe. Die Vision des Aufbruchs war längst auf der Strecke geblieben.

Sie hatten einen Stern gesehen. Aber darüber redeten sie schon lange nicht mehr miteinander; es wäre ihnen fast peinlich gewesen, das Gespräch darüber war versickert. Andere Themen hatten sich aufgedrängt: Wer und was sich alles bei den Anderen ändern müsste; wo man wirklich sparen könnte, und was einem alles nicht passt, überhaupt und so.

So kam es, dass sie irgendwann alle drei unter einer Decke steckten auf einer bequemen Matratze, irgendwo in Frankreich. Burgund ist das schlechteste nicht – der Wein, der Käse ... Da kann man's zunächst einmal aushalten. Bitte nicht stören!

DER STÖRENDE ENGEL

Wenn da nicht dieser Engel wäre, der die Schlafenden energisch anstupst. Er zeigt auf den Stern. Entschuldigt, sagt er, wenn ich störe, da war doch noch etwas. Da war doch ein Stern, erinnert euch, der hatte euch nicht in Ruhe gelassen. Der hatte euch vom Stuhl gerissen und aus den Matratzen. Ihr wolltet nicht einfach so weitermachen ...

Ja, ja, schon gut, sagt der eine unter der Decke und macht nicht mal die Augen auf. Stern, Engel – da kann ja jeder kommen. Er dreht sich um und schläft weiter.

Lass mich in Ruhe mit dem Stern, sagt der andere unter der Decke. Ich bin in meinem Leben schon vielen nachgelaufen. Ich habe schon so viele Aufbrüche zusammenbrechen gesehen, von kirchlichen Ordnungen und Instruktionen ausgebremst. Verschone mich mit solchen Sternen. Ich hab meine Decke, basta!

Einer von den dreien hat die Augen aufgemacht. Nicht dass er den Stern noch im Blick hätte. Er schaut in eine ganz andere Richtung. Aber die Augen hat er immerhin aufgeschlagen. Der Engel stupst ihn an: Schau mal, der Stern! Du brauchst bloß den Kopf zu drehen, umzukehren. Ganz nah ist er bei dir, der Stern. – Die drei bleiben liegen …

Mensch Engel, was nun? Was willst du jetzt tun? Ziehst du den dreien die warme Decke weg? Sie werden dich zum Teufel wünschen und sich endgültig in die Ofenecke verkriechen. Mensch Engel, überleg's dir.

NOCH IST NICHT
ALLER TAGE ABEND

Es gab einmal den Tag, da haben wir seinen Stern gesehen. Es gab einmal den Tag, da hat's uns von den Stühlen gerissen und wir sind aufgebrochen. Und schließlich sind wir immer noch dabei, wie auch immer. Mag sein, dass wir uns zur Ruhe gesetzt oder gelegt haben und denken: Sternzeiten, das war einmal, das ist lange her. Aber noch sind – hoffentlich – die Augen offen, und irgendwie, lahm oder angeschlagen sind wir immer noch auf dem Weg. Innen drin, ganz tief im Herzen ahnen wir vielleicht, dass der Stern uns gar nicht so fern ist.

Wenn uns doch nur ein Engel anstupsen würde: Schau her, mach die Augen auf! Kehr dich um! Dein Stern, ganz nah, ganz nah …

Von den drei Magiern heißt es im Evangelium, dass sie auf dem Weg geblieben sind. Mehr noch: Sie haben sich nicht einmal im Palast des Herodes länger aufhalten lassen, obwohl es dort molligere Polster und Decken gab als in Autun. Und schließlich sind sie noch rechtzeitig angekommen in Betlehem, alle drei. Alle Achtung!

Noch ist nicht aller Tage Abend – das neue Jahr fängt gerade erst an. Und – man soll die Hoffnung nicht aufgeben, mit der Kirche nicht, mit der Pfarrgemeinde nicht, und nicht – jeder und jede hier – mit sich selbst.

Die Idee zur Predigt und zahlreiche Formulierungen
verdanke ich Andreas Unfried.

24

Was ein alter Mann noch zu singen hat

In Jerusalem lebte damals ein Mann namens Simeon. Er war gerecht und fromm und wartete auf die Rettung Israels, und der Heilige Geist ruhte auf ihm. Vom Heiligen Geist war ihm offenbart worden, er werde den Tod nicht schauen, ehe er den Messias des Herrn gesehen habe. Jetzt wurde er vom Geist in den Tempel geführt; und als die Eltern Jesus hereinbrachten, um zu erfüllen, was nach dem Gesetz üblich war, nahm Simeon das Kind in seine Arme und pries Gott mit den Worten:
Nun lässt du, Herr, deinen Knecht, wie du gesagt hast, in Frieden scheiden. Denn meine Augen haben das Heil gesehen, das du vor allen Völkern bereitet hast, ein Licht, das die Heiden erleuchtet, und Herrlichkeit für dein Volk Israel. (LK 2,25-30)

GOTT IST JÜNGER
ALS ALLE

Was hat ein alter Mann noch zu erwarten? «Auch der Herbst hat schöne Tage», schreibt ein Freund in diesen Tagen, und viele wünschen einen ruhigen Lebensabend. So ist das Leben: Wir gehen mit Elan an den Start und landen schließlich in Filzpantoffeln im Fernsehsessel. War's das?

In den letzten Monaten und Jahren habe ich mich wiederholt gefragt: «Was erwartest du eigentlich noch?» Ich merke, wie klein meine Welt ist, wie oft sie an den eigenen vier Wänden endet und ich zufrieden bin, wenn es dort einigermaßen läuft. Ist das alles? Das kann doch nicht alles sein! Ich sehe die Bibel vor mir, ein Buch voller Hoffnungsgeschichten, weit über meinen Horizont hinaus. Sie sagt uns, dass das Augenlicht der Blinden noch aussteht. Sie brennt auf den Tag hin, da die Lahmen tanzen und die Tauben und Stummen singen. Sie weckt und nährt die Sehnsucht nach Gerechtigkeit und Frieden für alle Menschen. Sie lehrt uns, dass das, was ist, noch nicht alles ist. Sie lässt uns noch ganz andere Lieder singen als die unserer Heimatchöre.

Damit sind wir nun mitten im Lied des Simeon und der Hanna. Sie sind alt, die beiden, aber sie sehen nicht alt aus. Sie sind jung in ihrer Sehnsucht, in ihrer Leidenschaft für den Messias. Was sie bewegt, haben sie nicht hinter sich, sondern vor sich. Wer derart auf Gottes Kommen setzt, lässt sich mit dem Bestehenden nicht abspeisen. Er weiß: Da ist mehr drin im Leben, viel mehr. Das Kind auf den Armen des Greises – so jung macht der Glaube, so erwartungsvoll und hoffungsstark: «Gott ist jünger als alle» (Augustinus), und wer von ihm angesteckt ist, ist's auch. Was für eine Botschaft in einer alt und älter werdenden Gesellschaft, in einer Kirche, die in unseren Breiten oft ganz alt aussieht, die sich in ihren Institutionen erschöpft, nicht selten jammervoll und leidenschaftslos.

ALLEN VÖLKERN

Als der große Rembrandt 1669 in äußerer Armut starb, stand das Bild des Simeon mit dem Christuskind auf seiner Staffelei. Daran hat der alte Mann bis zum letzten Atemzug gemalt und sich selbst in den Simeon reingegeben. Der schmiegt das Kind nicht an sich, seine Arme und Hände sind nach vorn gestreckt, offen, so als wolle er es weiterreichen. Was den alten, jungen Mann bewegt, ist nicht sein privates Glück. Er singt: «Meine Augen haben das Heil gesehen, das du vor allen Völkern bereitet hast …» (30f.). Der Messias steht nicht nur für die einzelne Person, sondern für die Völker, für die Welt. Nur wenn wir uns an diesen universalen Visionen und Leitbildern der Bibel orientieren und aus ihnen leben, bleiben wir unserem Auftrag treu. Sie machen deutlich, was Gott mit uns vorhat: eine Kirche für die Eine Welt. Wir haben nicht eine Kirche in der sogenannten Dritten Welt (als hätten wir dort Kolonien oder Ableger), wir sind Weltkirche. Unser Standort ist die Eine Welt.

Wenn wir zu Anfang des dritten Jahrtausends nach Christus die Zeichen der Zeit verstehen wollen, dann sind wir angesichts der wachsenden Globalisierung nachdrücklich herausgefordert, katholisch zu werden, weltweit. Wir können die Probleme der Ortskirchen nicht lösen ohne die Weltkirche. Hören wir in den oft irritierenden und schmerzhaften Veränderungen der gegenwärtigen Kirchenstunde den Lockruf Gottes, der uns seine Verheißungen neu entdecken lehrt und uns – gewiss mit sanftem Druck – zur Umkehr und Wandlung drängt.

ZEICHEN DES WIDERSPRUCHS

Schauen wir nicht nur in die weite Welt. Simeon verkündet in seinem Lied den Messias als «Licht, das die Heiden erleuchtet …» (32). Heiden – da stocken wir. Kann man Ungläubige heute noch so nennen? Einer von ihnen, der bekannte Philosoph Peter Sloterdijk, sagt provozierend: «Wir leben im ersten heidnischen Jahrhundert nach Christus.» In der Tat: Die Kraft des christlichen Glaubens scheint hierzulande wie erschöpft, fast aufgebraucht. Die messianische Sehnsucht, die Juden und Christen verbindet, scheint längst einer spaßigen Gleichgültigkeit gewichen. Im Trend der Zeit ist kaum noch etwas zu spüren von dem heißen Atem des alten Simeon und der Hanna, allenfalls ein wohltemperiertes, esoterisch angehauchtes Suchen nach Spiritualität und Erleuchtung. Hält es den Erwartungen des Evangeliums stand? Sind wir Christen am Ende nur Mitspieler im postmodernen Theater, mit einer mehr oder weniger religiösen Rolle? Der Messias ist ein Zeichen des Widerspruchs, prophezeit Simeon (34). Die Ermutigung zum Widerstand gegen falsche Lebensformen und Verhältnisse ist uns mit dem Messias in die Wiege gelegt. Das Licht, das die Heiden erleuchtet, kann scharf sein wie ein Schwert (35).

Am 2. Februar 1945 ist Alfred Delp von den Nazis in Berlin Plötzensee gehängt worden. Er zuerst sprach aus, was wir erfahren: Deutschland ist Missionsland geworden. Was aus volkskirchlichen Zeiten noch im Ackerboden sitzt, hat an Lebenskraft verloren. Es ist Zeit zur Aussaat – gerade auch auf den kirchenfremden Äckern der Welt. Viele Zeitgenossen, gerade oft nachdenkliche und spirituell hungrige, suchen den Zugang zum christlichen Glauben. Es gibt ja nicht nur solche, die sich der Kirche entfremden und schließlich ihren Austritt erklären. Es gibt zunehmend auch die, die nach dem Eingang fragen in den Glauben und in die Kirche. Wen treffen sie im Eingangsbereich an? Leute, die mit dicken Akten ausgerüstet von Sitzung zu Sitzung hasten, die alles gelernt haben, nur nicht, wie man ein geistlicher Mensch wird und wie man es bleibt?! Wenn wir uns aufmachen, unserer Mission als Christen hier und heute gerecht zu werden und das Evangelium unter die Leute zu bringen, geraten zuallererst wir selbst unter das Feuer des Evangeliums.

Das ist allemal das Ansteckendste am christlichen Glauben. «In dir muss brennen, was du in anderen entzünden willst» (Augustinus).

Was hat ein alter Mann noch zu erwarten? Schauen wir noch einmal auf das Rembrandt-Bild: Das Licht, das auf Simeon und Hanna fällt, kommt vom Kind, von Christus her. Das sagt alles. Wenn das doch in all unseren Umbrüchen und Aufbrüchen, in all unseren Projekten und Aktionen und nicht zuletzt auch in unserem Versagen durchkommen würde: Er ist das Licht der Welt! Wir brauchen keine fremden Energiequellen. Er ist die alternative Energie, die die Kirche erneuert.

BILDNACHWEIS

Seite 122: Geertgen tot Sint Jans, Geburt Christi, Ausschnitt. Um 1490 (London, National Gallery).

Seite 144: Pantokrator. Mosaik von Kuppel der Chora-Kirche in Istanbul, 14. Jahrhundert.

Seite 152: Segnende Hand Gottes. Relieffragment (Stiftskirche Bad Gandersheim). Foto: © Jutta Brüdern, Braunschweig.

Seite 164: Traum der Drei Könige. Kapitell in der Kathedrale Saint-Lazare, Autun, 12. Jahrhundert.

Seite 170: Rembrandt Harmensz. van Rijn, Der greise Simeon mit dem Jesuskind auf seinen Armen. Das letzte unvollendete Gemälde, 1669 (Stockholm, Nationalmuseum).

Fotos Seite 12, 20, 54, 90, 104, 128, 136, 158: © Roland Höpker

Schmuckseite (10, 44, 142): Sternenornament vom Deckenmosaik, erste Hälfte des 5. Jahrhunderts (Ravenna, Mausoleum der Galla Placidia).

Sofern nicht anders angegeben: Archiv Herder oder public domain / GNU.

Franz Kamphaus

**Die Welt
zusammenhalten**
Reden gegen den Strom

208 Seiten, gebunden mit
Schutzumschlag und Leseband
ISBN 978-3-451-29754-0

Was allein die Welt zusammenhalten kann, ist Gerechtigkeit. Dazu gehören Gewaltverzicht und Toleranz zwischen den Religionen; eine faire Auseinandersetzung
insbesondere mit dem Islam; Verantwortung füreinander in der Globalisierung; das solidarische Miteinander
von Arbeitgebern und Arbeitnehmern, von Familien und
Singles, von Gesunden und Kranken. Orientierungge-
bende Stellungnahmen des streitbaren Kirchenmannes
sind hier erstmals in Buchform dokumentiert.

In jeder Buchhandlung!

HERDER

Franz Kamphaus

**Gott beim
Wort nehmen**
Zeitansagen

248 Seiten, gebunden mit
Schutzumschlag
ISBN 978-3-451-28852-4

Neue geistliche Texte von Franz Kamphaus zu den großen Themen des Glaubens und des Lebens: Predigten zu
den Festkreisen und zu besonderen Anlässen, Hirten-
briefe aus jüngerer Zeit und besondere Bibelmeditatio-
nen, etwa vom Weltjugendtag und von den evangelischen
und katholischen Kirchentagen. Die biblische Botschaft
für heute auf den Punkt gebracht – mit einer großartigen
Sprache, mit persönlicher Glaubwürdigkeit.

In jeder Buchhandlung!

HERDER

Zugunsten des Bischöflichen Hilfswerks MISEREOR

© Verlag Herder GmbH, Freiburg im Breisgau 2009
Alle Rechte vorbehalten
www.herder.de

Bibelzitate sind entnommen der Einheitsübersetzung der Heiligen
Schrift © 1980 Katholische Bibelanstalt, Stuttgart

Umschlagmotiv: Die drei Könige beten den Messiasstern an. Mon-
tage aus Details vom Middelberger Altar (um 1445) von Rogier van
der Weyden; © bpk Gemäldegalerie, Staatliche Museen zu Berlin /
Jörg P. Anders
Umschlaggestaltung: Finken & Bumiller
Innengestaltung: Weiß-Freiburg GmbH – Graphik und Buchgestaltung
Herstellung: fgb · freiburger graphische betriebe
www.fgb.de

Gedruckt auf umweltfreundlichem, chlorfrei gebleichtem Papier
Printed in Germany

ISBN 978-3-451-31061-4